Akademičnaja vulica
vulica Surhanava
ОАО "Амкодор"
завод "Ударник"
Čyrvonaja vulica
vulica Zalataja Horka
vulica Hikaly
vulica Platonava
ZALATAJA HORKA
Čyrvonazorkav
vulica Kazlova
vulica Zacharava
AF547873
vulica Čapajeva
vulica Pulichava
Svislach
vulica Zacharava
Smalienskaja vulica
Minsk Uschodni

Julia Cimafiejeva

MINSK.TAGEBUCH

Aus dem Englischen
von Andreas Rostek

edition.fotoTAPETA

INHALT

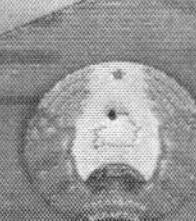

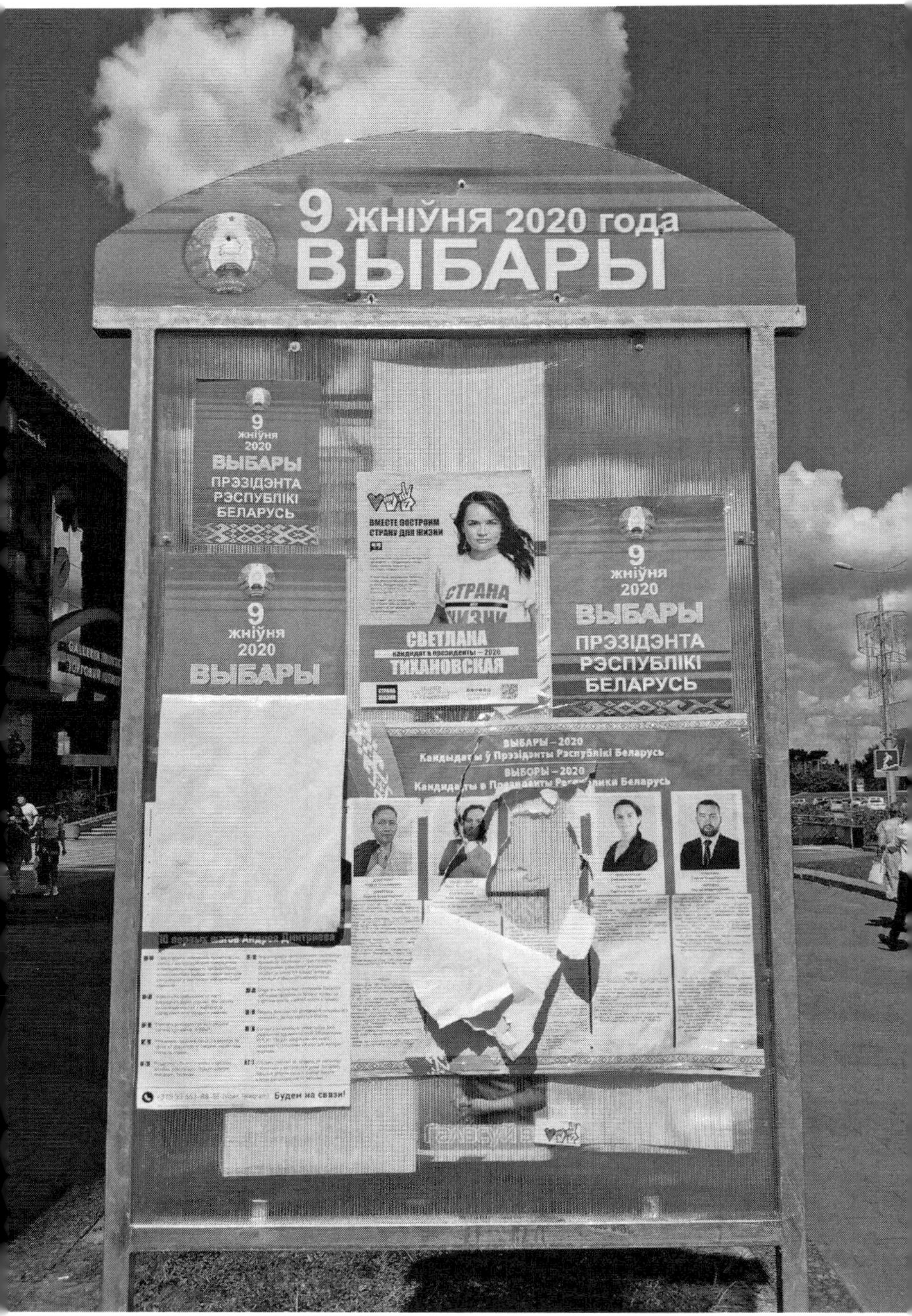
9 жніўня 2020 года
ВЫБАРЫ
9 жніўня 2020
ВЫБАРЫ
ПРЭЗІДЭНТА
РЭСПУБЛІКІ
БЕЛАРУСЬ
ВМЕСТЕ ПОСТРОИМ
СТРАНУ ДЛЯ ЖИЗНИ
СТРАНА
СВЕТЛАНА
кандидат в президенты – 2020
ТИХАНОВСКАЯ
9 жніўня 2020
ВЫБАРЫ
ПРЭЗІДЭНТА
РЭСПУБЛІКІ
БЕЛАРУСЬ
9 жніўня 2020
ВЫБАРЫ
ВЫБАРЫ – 2020
Кандыдаты ў Прэзідэнты Рэспублікі Беларусь
ВЫБОРЫ – 2020
Будем на связи!

I.

5. August

Ich habe versprochen, heute eine Suppe zu kochen, eine kräftige, gelbe Erbsensuppe, die du so gerne magst. Ich koche sehr selten und dann meistens Suppen. Der Herr der Küche in unserer Familie, das bist du, der König des Kühlschranks in den Augen unserer Katze, der Guru der Hühnerpastete.

Ich habe versprochen zu kochen, stattdessen schreibe ich ein Gedicht. Ein Gedicht über Angst und Hoffnung.

Je näher die Wahlen rücken, desto angespannter sind wir alle. Ich erinnere mich daran, wie ich 2001 das erste und letzte Mal gewählt habe, als Studentin, ich lebte in einem Wohnheim. Wahllokale in den Bildungseinrichtungen – Schulen oder Studentenwohnheime – und Rekrutierung von Lehrern als Wahlhelfer, das ist in Belarus seit langem gängige Praxis. Wir mussten schon vor dem eigentlichen Termin auf Aufforderung der Leiterin des Wohnheims wählen. Wer ihre Aufforderung ignorierte, lief Gefahr, den Platz im Wohnheim zu verlieren. Ein perfektes System der Einschüchterung, und es bewies schon damals, vor fast zwanzig Jahren, seine Wirksamkeit.

Ich wohnte mit drei anderen Studentinnen im Erdgeschoss des Wohnheims. Unser Zimmer lag in der Nähe des Lesesaals, wo eine Wahlurne, bewacht von einem einsamen Polizisten, auf unsere Stimmen wartete. Am Samstagabend vor dem eigentlichen Wahltag waren nicht sehr viele Studenten in dem Gebäude: Viele waren nach Hause gefahren, um ihren Eltern bei der Kartoffelernte zu helfen oder ihren „wohlverdienten“ freien Tag für die vorzeitige Stimmabgabe zu nehmen. Ich hatte das großzügige Angebot abgelehnt, und ich glaubte auch nicht, dass sie mich rauswerfen würden, also wählte ich nicht im Voraus.

Als ich spät allein im Zimmer las, hörte ich, wie die Türen des Wohnheims, die nachts immer geschlossen waren, geöffnet wurden und der Wächter jemanden hereinließ. Ich hörte feste Schritte, die direkt zum Wahllokal marschierten. Ich verließ das Zimmer und ging Richtung Toilette am Ende des Ganges. Ich konnte die runden Schultern und Ohren und den Glatzkopf des Vorsitzenden des Wahlausschusses erkennen, den Vertreter der Universität, der im Türrahmen lauerte. Noch im Zimmer hatte ich das Knarren der alten Dielen wahrgenommen, als er und der Polizist an meiner Tür vorbeigekommen waren. Ich versteckte mich hinter dem Vorhang und beobachtete, wie sie eine Wahlurne in das draußen geparkte Auto luden und dann eine neue herausholten.

Am nächsten Tag ging ich wählen, und mit Freunden nahmen wir dann auf dem Kastryčnickaja-Platz zusammen mit mehreren Tausend anderen an einer Demonstration teil, denn nach den offiziellen Ergebnissen hatte Lukaschenko ein zweites Mal gewonnen. Weiß-rot-weiße Fahnen, Slogans, Wut und Enttäuschung bei den Oppositionsführern, die die Versammlung verließen. Wir kamen wütend und frustriert kurz vor Mitternacht zurück ins Wohnheim. Wahlbeobachter der EU und der USA hatten eine Menge Verstöße gegen die Regeln ausgemacht, aber zwei Tage später erschütterten die Anschläge vom 11. September die Welt, und die Welt vergaß Lukaschenko. Ich war seit damals sehr oft bei Protesten. Ich habe mich an Niederlagen gewöhnt. Wie wir alle.

In diesem Sommer aber spüre ich eine leise Hoffnung, eine Ahnung nur, dass etwas anders werden könnte. Sicher, immer mehr Menschen werden verhaftet und ins Gefängnis gesteckt, es gibt wie immer Festnahmen und Schläge auf offener Straße, aber dennoch haben wir *unsere* Präsidentschaftskandidatin, die Tausende von Menschen zusammenbringt. Wir beide, du und ich, wir waren schon auf zwei Demos, bei denen Swetlana, Maria und Veronika wie Rockstars auf der Bühne standen, mit weißen Bändern um den Arm winkten sie in die Menge und riefen in die krächzenden Mikrofone, wie unglaublich die Belarusen doch sind. Ich habe fast geweint, als ich zum ersten Mal in meinem Leben sah, wie schwere Kerle (Fabrikarbeiter?) aus Leibeskräften brüllten: „Svie-ta! Svie-ta!"

Bei einer der Demonstrationen waren wir mit Freunden, die Tichanowskaja gegenüber anfangs skeptisch waren. Wir versuchten, die Leute zu zählen, die sich am traditionellen Ort für Proteste der Opposition versammelt hatten, am Bangalore-Platz. „Ein Platz, um Hunde auszuführen", so pflegten ältere Oppositionsführer ihn zu nennen. Kein Politiker wollte hier auftreten: zu weit vom Zentrum entfernt, mit einer allzu langen Geschichte von Niederlagen. Trotz der Absperrung durch die Polizei, die jeden, der das Gelände des Parks betrat, beobachtete und kontrollierte, trotz der Drohungen und Provokationen von offizieller Seite kamen jetzt ganze Familien. Dreiundsechzigtausend Menschen waren es nach Angaben der Freiwilligen von Menschenrechtsorganisation. Seit langem waren nicht mehr so viele bei Demonstrationen der Opposition. Die Leute waren ruhig und fröhlich, und sie lächelten, sie glaubten daran, dass es diesmal anders laufen könnte.

Und auch ich überlasse mich diesem Glauben. Deshalb schreibe ich *My European Poem**. Und als du nach Hause kommst, bitte ich dich, es zu lesen und mir zu sagen, ob es sich überhaupt gelohnt hat, es aufzuschreiben. Ich lasse dich mit meinem Text allein und gehe in die Küche, um die Kartoffeln und Möhren zu schälen und die Zwiebel zu hacken. Ich zittere innerlich, und in meiner Hand zittert das Messer.

– Soll es veröffentlicht werden?, frage ich dich, während ich die festen Gemüsestücke wasche.

– Aber sicher! – antwortest du.

Ich stelle es auf *Facebook*, und während ich in meiner dicken Erbsensuppe rühre, fange ich an zu weinen, wie brodelndes Wasser überschwemmen mich meine Gefühle.

***

Am Abend gehen wir ins Theater. Es ist nicht dieses strahlend beleuchtete Staatstheater, wo man sich herausputzen muss, um angemessen auszusehen. Es ist eine Underground-Aufführung, freies Theater in einem ehemaligen Fabrikgebäude. Das Stück basiert auf deinem Roman *Die Hunde Europas*[*], diesem 900 Seiten langen *Opus Magnum*. Es sollte im Barbican Centre in London inszeniert werden, wir wollten im Mai hinfliegen … Aber dann kam COVID-19.

Die Premiere in Belarus war Anfang März, vor all den COVID-Bestimmungen und den geschlossenen Grenzen. Heute ist die letzte Vorstellung der Saison. Wird sie anders sein, nach all den Veränderungen im Frühjahr und Sommer, nach Corona, nach der Verhaftung der Kandidaten und der Repression, die dann folgte?

Mein Bruder, von Haus aus Historiker, von Berufung Musiker und neuerdings Programmierer, und seine Freundin, sie ist gleichzeitig Chorleiterin und Feuertänzerin mit Dreadlocks, begleiten uns in die Aufführung.

Entlang des Graswegs, der zum Werksgebäude hinaufführt, liegen hier und da Stapel alter Bücher aus der Sowjetzeit. Einige haben deutliche Brandspuren – sie hatten bereits ihren Einsatz in dem Stück.

Als wir das Theatergelände verlassen, diskutieren wir über die Aufführung. Sie hat sich im Vergleich zum letzten Mal wirklich verändert: Die Schauspieler tanzen weniger und aus ihren Augen spricht Ermüdung, aber man spürt immer noch die gleiche Beharrlichkeit und das gleiche Talent, und der gleiche nackte Mann ist in der langen Pause immer noch da und rennt und rennt, wir schämen uns, dass wir ein Glas Wein an der Bar trinken und uns entspannen … Es ist nicht die Zeit für Entspannung.

Das Stück (und ein Teil deines Buches) erzählt eine Geschichte über die Welt in dreißig Jahren. Das ehemalige Territorium von Belarus gehört nun zum russischen Reich, die Lyrik ist so gut wie tot, genauso wie die belarusische Sprache, in der wir schreiben. Aber was bleibt denn in dieser düsteren Zukunftswelt, der die passiven Helden des Stücks zu entkommen suchen?

Ich denke, die Sehnsucht, der Tyrannei des Ortes und der Sprache zu entkommen, in die du hineingeboren wurdest, ist das zentrale Thema der „Hunde Europas“. Und auch der Tyrannei des Menschen. „Wo man Bücher verbrennt, verbrennt man auch am Ende Menschen“[*] – das sind die letzten Zeilen des Stücks. Was wird nach den Wahlen sein? Werden sie Bücher und Menschen verbrennen?

Auf dem Rückweg checke ich meine *Facebook*-Seite. *My European Poem* wurde mehr als hundert Mal geteilt.

6. August

Heute ist mein dritter Gedichtband erschienen. Er heißt *ROT*. Auf Belarusisch und auf Russisch bedeutet das „Mund", auf Englisch „verrotten", auf Deutsch „rot", und im Norwegischen und Schwedischen ist es eine „Wurzel". Ich wollte aus dem Titel des Buches selbst ein Gedicht machen.

Wir kommen zum Verlag, um meine Exemplare abzuholen. Sie haben ein Foto von mir gemacht: Blaufichten im Hintergrund, nackte Schultern, weiß-rot-weiße Bücher in Händen, ein Lächeln. Ich weiß nicht, was ich jetzt fühlen sollte. Soll ich stolz sein? Soll ich zufrieden sein? Ich schätze schon.

Vor meinem allerersten Gedichtband *Das Buch der Fehler* hatte ich wirklich Angst. Ich wollte nicht darüber sprechen. Ich wollte es nicht anfassen. Du warst es, der die Gedichte gesammelt, mit dem Verlag kommuniziert, das Lektorat und den Druck kontrolliert hat. Aber irgendwie ist dieses Gefühl verschwunden, und hier nun also das dritte Buch, frisch vom Drucker.

Wir beschließen, die Demonstration im Park *Druzhby narodau* auszulassen, wo die drei Ladys am Abend eine Wahlveranstaltung abhalten. Es sollte eigentlich eines der größten Events im Wahlkampf von Swetlana Tichanowskaja werden, aber stattdessen haben die Behörden ein seltsames Festival organisiert, das den Staat feiern soll, und die Demo haben sie einen Tag vorher abgesagt.

Trotzdem sind Tausende gekommen, trotz der Absage, ich sehe es auf *Telegram*. Ich konnte die Tränen nicht halten, als plötzlich das Lied *Peremen!* („Wandel!“) von Viktor Tsoi* beginnt, die Journalistin Aliaksandra Dynko eilt zum Mischpult, wo die beiden Toningenieure, gutaussehende junge Männer mit offenen Gesichtern, ihre Hände in die Luft strecken und weiße Bänder halten. „Habt ihr keine Angst, euren Job zu verlieren?“ „Den haben wir schon verloren“, antworten sie. „Das ist sicher unser letzter Tag hier.“

7. August

Es ist schwer, die Dinge leicht zu nehmen und einfach glücklich zu sein. Keiner weiß, was in den nächsten paar Tagen auf uns zukommt, es ist so gut wie unmöglich zu entspannen. Aber immerhin hatten wir Sex.

Abends triffst du dich mit dem legendären Musiker Pit Paulau, der deine „Hunde Europas“ gelesen hat und ein Fan von *Balbuta* geworden ist, dieser konstruierten Sprache, die du für das Buch erfunden hast. Pit will einen Song in *Balbuta* schreiben und braucht dafür Rat vom „Erfinder“.

Ich komme mit dir raus, um etwas Ruhe und Gelassenheit an diesem warmen Sommerabend zu finden. Und vom „Erfolg“ des *European Poem* und den gestrigen Ereignissen im Park angeschoben will ich ein Gedicht über Viktor Tsoi schreiben, auf Englisch. Ein Gedicht über einen, der seit so vielen Jahren tot ist, und doch sind seine Stimme und seine Lieder immer noch lebendig und werden gehört.

Ich finde eine schöne Bank im Janka-Kupala-Park, in der Nähe der Niezalieznasci-Allee, schlage mein Notizbuch auf und lasse die Gedanken laufen. Leute gehen vorbei, ich sehe die weißen Bänder an ihren Armen. Ohne meinen Blick von dem Blatt zu nehmen, folge ich dem Gespräch zwischen einem Mann und einer Frau, die sich offenbar streiten. Er will den Radfahrern, die zu Dutzenden die Hauptstraßen entlangfahren, das Victory-Zeichen zeigen, aber sie möchte das lieber nicht. Sie hat Angst, dass er verhaftet werden könnte.

You are dead.
You are decomposed, schreibe ich. Und fange an zu googeln, wie die Stadien der Verwesung verlaufen, und lese mehr dazu bei Wikipedia. Mir wird leicht übel, aber es könnte genau das sein, was ich im Moment brauche, um nicht bei der Angst vor dem Unbekannten zu landen, die langsam aufkommt; es sind nur noch zwei Tage bis zu den Wahlen. Ich finde die richtigen Begriffe im Wörterbuch und schreibe weiter:

You are dead.
Your body
does not exist.
You were
decomposed
in three stages
according to Wikipedia.
It was self-digestion at first,
cells
ate themselves.
Then it was bloating,
your body,
a lonely underground balloon,

was pumped with gases,
but could not rise.
And after
putrefaction came,
your organs
were broken
like poetry lines
one by one
leaving your bare
skeleton
lie in the darkness
and oblivion.

Es liegt etwas Furchtbares und gleichzeitig etwas überaus Anziehendes in diesem Bild der Verwesung, wenn ein Mensch schon nicht mehr ist, aber ein anderes Leben seines Körpers (der Tod) noch weitergeht. Das fasziniert mich, ich möchte das Gedicht weiterentwickeln, den Anknüpfungspunkt zu diesen Liedern und dieser Stimme finden, die auch dreißig Jahre nach seinem Tod noch existieren. Die Stimme, die zum Symbol für sozialen Ungehorsam und Protest geworden ist, die Stimme, die für mein junges *Ich*, für das Dorfmädchen ohne Freunde so wesentlich war. Aber ich bekomme die Idee noch nicht zu fassen. Da rufst du an und sagst, dass du jetzt frei hast bist und wir uns treffen können.

Als ich auf der Brücke auf dich zugehe, sehe ich eine große Gruppe von Radfahrern, die vorbei fahren und klingeln und den Passanten unten das Victory-Zeichen zeigen. Viele von ihnen tragen weiße Armbänder oder Schleifen, manche halten sogar Fahnen in der Hand. Sie sind frei, vereint und optimistisch in der offenen Demonstration ihrer Hoffnung in der Sommerluft. Als wir uns schließlich treffen, schlage ich einen

Abendspaziergang entlang des Prospekts vor, wer weiß, wann sich wieder eine Gelegenheit ergibt.

Der Himmel ist tiefblau, als wir den Jakub-Kolas-Platz überqueren. Obwohl es unter den alten Birken, die hier wachsen, bei den bronzenen Skulpturen der belarusischen Klassik ruhig und warm ist, liegt etwas Unheimliches in der Luft. Auf beiden Seiten des Platzes sausen Gruppen von Radfahrern vorbei, auch wenn es jetzt nicht mehr so viele sind. Plötzlich bemerken wir ein paar OMON*-Offiziere, ganz in Schwarz, sogar ihre Gesichter sind völlig verdeckt, nur zwei schmale Schlitze für die Pupillen, um die Welt zu checken. Sie sehen auf den Straßen dieses Minsker Sommers aus wie Außerirdische, die auf besetztem Gebiet patrouillieren. Angewidert spucke ich aus, aber wir sind zu weit weg, als dass sie das sehen könnten.

Plötzlich stoppt in der Nähe der Philharmonie auf der anderen Straßenseite ein Gefangenentransporter, Soldaten in olivfarbener Uniform springen heraus und rennen los. Wir bleiben stehen und beobachten mit anderen Passanten die Szene. Als sie einen jungen Mann in weißem T-Shirt in den Transporter zerren, beginne ich zu filmen. Ist er einer der Radfahrer? Die Leute schreien: „Faschisten! Faschisten!" Ich würde mich diesem wütenden Chor am liebsten anschließen. Wer sind diese Unbekannten, die sich einen Unschuldigen schnappen? Aber du bittest, wir sollten jetzt nach Hause gehen.

8. August

Noch ein Tag. Ich kann nicht arbeiten, ich kann gar nichts tun, nur durch *Facebook* und *Telegram* scrollen. Zahlreiche

Fälle von Fälschungen in Wahllokalen, Verhaftung von unabhängigen Wahlbeobachtern. Es geht schon wieder los. Der Anteil derer, die bereits gewählt haben, liegt bei 32,4 Prozent. Das heißt, ein Drittel der Stimmen wird an Lukaschenko gehen, da bin ich mir sicher. Ich habe die Schnauze voll, fuck!

Unsere Freunde Ihar und Ania schlagen einen kleinen Ausflug vor, irgendwohin an einen ruhigen, hübschen Ort, am Drazdy-See vielleicht oder zum Minsker Meer*. Eigentlich ist mir nicht danach, loszufahren und zu plaudern, zu diskutieren und die Gegend zu genießen; ich bin zu unruhig, zu erschöpft von all den Gefühlen, die mich überrollen. Ich zögere, obwohl du dich den Freunden sicher gern anschließen würdest. Wir werden sehen.

Meine ukrainische Übersetzerin Iya, eine wunderbare Dichterin, hat mir eine SMS zu einem meiner Gedichte geschickt. Wir diskutieren über die ukrainische Übersetzung von *Meine Heimat**, derweil knetest du in der Küche einen Teig. Während der düsteren Corona-Monate im Frühjahr hast du deine Leidenschaft fürs Brotbacken entdeckt. Zu spüren, wie der Teig unter deinen Händen aufging, machte dich richtig aufgeregt, sogar glücklich. Deine Augen strahlten, und du warst kurz davor, die Literatur aufzugeben und stattdessen eine Bäckerei zu eröffnen. Sagtest du. Ich habe dir natürlich nicht geglaubt. Jetzt hast du es wieder mehr mit dem Schreiben und backst nur noch manchmal, um Freunde zu verwöhnen. So wie heute. Obendrein wollte dein Computer heute Morgen nicht hochfahren …

Meine Heimat habe ich 2017 geschrieben, nachdem am 25. März Demonstranten mit brutalen Schlägen auseinander getrieben worden waren. Früher war das unser Unabhängigkeitstag, der Tag, an dem die Belarusische Volksrepublik, der Vorgänger der BSSR, ausgerufen worden war. Aber 1996 beschloss Lukaschenko, wir sollten die vor-sowjetische Geschichte unseres Landes vergessen. An jenem Märztag im Jahr 2017 gingst du zu der Demonstration, ich fühlte mich nicht wohl und blieb zu Hause und verfolgte die Nachrichten im Netz. Etwa tausend Menschen waren auf der Straße, mehrere Hundertschaften der Miliz und viele Militärfahrzeuge kamen gegen die Feiernden oder eher Protestierenden zum Einsatz. Zum Glück konntest du dich in einem Café verstecken und bist Schlagstöcken und Gefängnis entgangen. Wir wissen, zu welcher Gewalt die Machthaber fähig sind. Und morgen? Wird es wieder so?

Iya schickt mir die Datei mit ihrer Übersetzung und erkundigt sich nach den Wahlen. „Ich habe das Gefühl", sagt sie, „es ist wie 2013 – 2014 in der Ukraine." Aber ich bin mir sicher, dass es keinen Majdan geben wird, was immer damit gemeint ist. Ich erzähle ihr von unserem Frust und der Schlaflosigkeit, und dass ich nichts über die Zukunft sagen kann. Als die Übersetzung schließlich fertig ist, fragt mich Iya nach den Hashtags für *Facebook*. Ich schlage vor:

#выбары2020
#культпратэст
#cultprotest
#kultprotest

Sie taggt mich, als sie das Gedicht auf ihrer *Facebook*-Seite postet.

***

Nun sind wir doch am Minsker Meer. Ania, Ihar, Uladz, du und ich. Wir liegen am Ufer und blinzeln in die Sonne, die sich in den winzigen Wellen des künstlichen belarusischen Sees spiegelt, wir trinken (dein gutriechendes Brot dazu wird gelobt!), reden über Politik und die Zukunft.

Manchmal bedauern wir Belarusen, dass wir weder Berge noch Meer haben. Nur Ebenen und Wälder und Sümpfe und Seen. Vor einigen Jahren schrieb Uladz ein ironisches (und ikonisches) Lied mit dem Titel „Schüttet Berge auf!“. Es ging darum, wie sich der belarusische Nationalcharakter hätte verändern können, wenn wir hier Berge aufgehäuft hätten, wie sich dann unsere Passivität und Apathie in Tapferkeit und Würde verwandelt hätte. Und wie in der Grube, die durch die Aufschüttung der Berge entstanden wäre, ein Meer aufgetaucht wäre.

Die ganze Zeit kreisen die Gedanken darum, was uns erwartet. Natürlich werden wir ins Wahllokal gehen, obwohl wir die Jahre lang mit Nichtachtung gestraft haben. Diesmal ist es anders. Wir werden für Tichanowskaja stimmen. Nur Ihar hat sich noch nicht entschieden, er ist der Älteste von uns, der Erfahrenste, er machte schon in der Oppositionsbewegung mit, als ich noch ein kleines Mädchen war. Bei einem Picknick im Mai oder April haben wir uns über Viktar Babaryka[*] und die russische Besatzung gestritten. Aber dann wurden Babaryka, sein Sohn und mehrere Leute aus seinem Team verhaftet, sie sind immer noch in Haft … Also reden wir jetzt über Swetlana, Maria und Veronika[*].

Ania schlägt vor, schwimmen zu gehen, sie hat ihren Badeanzug dabei und will sich die Gelegenheit nicht entgehen lassen. Uladz und du folgt ihr in Hosen. Ihar und ich bleiben am

Ufer und hören dem Reden über Politik zu, das im Wasser weitergeht, das Wasser verstärkt die Stimmen und trägt eure Worte herüber. Nur wenn du tauchst und anfängst zu schnaufen, werden die Worte undeutlicher.

Die Sonne geht unter, aber eine Menge Leute sind noch da, spazieren herum oder liegen faul da, es ist Samstag. Alles ganz entspannt, als würden Radfahrer nicht auf der Straße für nichts und wieder nichts festgesetzt, als wären die Präsidentschaftskandidaten nicht verhaftet worden, als könnten morgen unsere Stimmen nicht wieder gestohlen werden, als könnte nicht wieder Blut fließen.

Ich erinnere mich, wie wir vor einigen Jahren in der Schriftstellerresidenz im LCB am Wannseeufer in Berlin waren. Ich erinnere mich an die Schwarz-Weiß-Fotos von früher, die dort hingen. Vielleicht badeten die Menschen dort in den späten 1930er Jahren mit der gleichen Sorglosigkeit? Oder übertreibe ich, während ich mich gemütlich auf die Nadeldecke unter den hohen Kiefern lege? Übertreibe ich den Ernst der Lage, während ich den Sonnenuntergang betrachte und die Ameisen auf meinen nackten Füßen krabbeln?

Wir kommen spät nach Hause zurück. Ihar bringt uns mit dem Auto. Auf *Facebook* poste ich einige Fotos, die ich auf dem Rückweg am Ufer aufgenommen habe: ein blau-rotes Panorama von Himmel und Wasser, lange schwarze Kiefernsilhouetten rahmen es ein, menschliche Gestalten unten wie krabbelnde Ameisen. Ich schreibe drunter: „War am Meer, um zur Ruhe zu kommen."

9. August

Seit Wochen schon schlafen wir nicht mehr gut. Und wie sollen wir jetzt schlafen, in der Nacht vor dem Wahltag! Ich wälze mich im Bett hin und her, bei dir ist es nicht anders, auch wenn du so tust, als würdest du einnicken. Unsere Katze, die es sich an meiner Seite gemütlich gemacht hat, verschwindet schließlich genervt in die Küche. Im Dunkeln höre ich, wie sie die letzten Reste in ihrem Napf verschlingt, sich dann auf den Weg zur Toilette macht und im Katzenklo kratzt. Sie kommt nicht mehr zurück, sie zieht es vor, den Rest der kurzen Sommernacht weit weg von diesen Neurotikern zu verbringen.

Die Wahllokale öffnen um acht. Wir stehen früh auf, wir haben viel zu tun an diesem Tag. Und was den Abend angeht … ich habe Angst, daran zu denken. Die Sonne scheint schon durch die Vorhänge. Es wird ein schöner, heißer Tag.

Und schön aussehen will ich auch. Ich war seit Jahren nicht mehr wählen, also ist es ein besonderer Tag für mich (wie für viele, denke ich). Ich muss außerdem selbstbewusst dastehen, muss entschieden vor die Wahlhelfer treten, die mich daran hindern könnten, ein Foto von meinem Wahlzettel zu machen. Das Bild soll man an den *Telegram*-Kanal *Holas* („Stimme") schicken, alle diese von Wählern und Wählerinnen gemachten Fotos werden gesammelt und gezählt, als Beweise für Wahlfälschungen, falls es welche geben sollte.

Also hole ich mein langes, schwarzes, ärmelloses Kleid hervor, es ist schlicht und elegant und gleichzeitig sommerlich. Ich erinnere mich, wie du in der Anprobe gefragt hast, wo ich das denn tragen will, was bedeuten sollte, in der nicht gerade repräsentativen Gegend, in der wir jetzt wohnen, sähe ich darin lächerlich aus. Aber genau darum geht es mir heute: auszusehen wie fehl am Platz.

Aber nicht Schwarz ist die Farbe des Tages, sondern Weiß. Und nachdem ich dein weißes Hemd gebügelt habe, suche ich im Nähkästchen nach Bändern. Weiße Armbänder oder Schleifen an den Armen sollen deutlich machen, wie viele von uns auf Veränderungen im Land warten – und so den unabhängigen Wahlbeobachtern, die keine Fragen vor den Wahllokalen stellen dürfen, helfen, eine Art *Exit Poll* durchzuführen.

Als wir nach langen Vorbereitungen endlich das Haus verlassen, ist es draußen wirklich heiß. Die Bänke am Eingang des Wohnblocks sind bereits von älteren Nachbarn besetzt, die uns misstrauisch beäugen, wie immer. Wie immer grüßen wir sie.

Als wir feierlich, Hand in Hand, zum Wahllokal gehen, sehen wir all die Familien in Weiß, mit weißen Armbändern. Wir lächeln still vor uns hin, wir sind wandelnde Hoffnungsträger füreinander.

Mein Wahllokal liegt in einem dreistöckigen Schulgebäude, das ich zum ersten Mal sehe. Davor ein riesiger asphaltierter Hof, triste Blumenbeete und um das ganze Gelände ein Zaun mit grünen Metallgittern. Eine ganz normale städtische Schule. Direkt vor dem Zaun, im Schatten der Bäume, spähen vier Leute gespannt durch die Gitterstäbe, Papierbögen in den Händen. Rucksäcke und Wasserflaschen haben sie neben sich auf den Boden gestellt. Das sind die unabhängigen Beobachter. Nicht einmal auf dem Gelände der Schule dürfen sie sich aufhalten, sie müssen aus fünfzig Metern Entfernung beobachten. Als wir durch das Tor gehen, versuche ich, mit Gesten deutlich zu machen, dass nur ich hier wählen werde, nicht du. Ich hoffe, sie verstehen das.

Wahltage in Lukaschenkos Belarus wurden stets zu einer Demonstration der billigen, vulgären, kitschigen Ästhetik der Macht. Heute haben wir das Vergnügen, das nicht nur im Internet zu sehen, sondern aus nächster Nähe. Der Schuleingang ist mit roten, weißen und grünen Luftballongirlanden geschmückt. Direkt davor steht ein großes *Alivaria*-Bierzelt, in dem zwei Verkäuferinnen, die sich fein gemacht haben, Bier und Wodka und Saft, Chips, Würstchen und belegte Brötchen mit Zwiebeln und Hering verkaufen … Lauter Sachen, die normalerweise eigentlich nicht an Schulen verkauft werden, aber am Wahltag dürfen sich die Wähler solchen Luxus schon mal leisten. An den Tischen in der Nähe des Zelts amüsieren sich einige von ihnen nach getroffener Entscheidung.

Laute Popmusik ist ein anderes Markenzeichen von Lukaschenkos Wahl-Kultur. Ein junges Mädchen in Pseudo-Volkstracht mit einem Kranz auf dem Kopf singt von ihrer Liebe zur Heimat und umklammert dabei leidenschaftlich ihr Mikrofon. Das Lied, auf Russisch, ist einer dieser patriotischen Propagandasongs über goldene Weizenfelder, große blaue Seen und schlanke weiße Störche, die über unsere Köpfe fliegen, und handelt davon, wie sicher und friedlich wir alle in unserem geliebten Belarus doch leben. Ich sehe und höre diese ganze Verlogenheit und fange innerlich an zu zittern. Wir setzen unsere Masken auf und treten in das kühle Schulhaus.

Es gibt drei Wahllokale, meins liegt an einem breiten Korridor. Die Wahlhelfer sitzen hinter Schulbänken, wie zu groß geratene Kinder, die klein gehalten werden sollen. Sie versuchen, ruhig und freundlich auf diese Wähler mit ihren weißen Bändern zu schauen, aber irgendwo hinter ihren Zähnen spüre ich trotzdem die versteckte Antipathie und Feindseligkeit.

Ich reiche meinen Pass einem schnauzbärtigem Mitglied des Wahlkomitees. In seinem kurzärmeligen Hemd könnte er Lehrer für Werken sein oder Lagerverwalter. Als er die Wählerlisten vor mir aufschlägt, stelle ich fest, dass meine Unterschrift erst die zweite auf der Seite ist, obwohl es doch heißt, dass bereits ein Drittel der Wähler abgestimmt hat. Dann reicht er mir einen Wahlzettel, ich greife ihn mit zitternden Händen. Ich muss das Blatt erst genau untersuchen, im Internet haben wir heute von winzigen Punkten gelesen, die in den Feldern für die Kandidaten zu finden waren. Und wenn man damit wählt, könnte der Wahlzettel für ungültig erklärt werden. Und auf der Rückseite des Bogens sollten sich zwei Unterschriften von Mitgliedern des Wahlkomitees befinden. Nachdem ich mich vergewissert habe, dass mein Stimmzettel in Ordnung ist, gehe ich zur Wahlkabine.

Es gibt drei Kabinen, und keine hat Vorhänge. Ich muss unter den Augen der Anwesenden wählen. Also stehst du für den Fall, dass sie mir nicht erlauben wollen, Fotos zu machen, an meiner Seite. Ich lege den Zettel auf einen kleinen Tisch in der Kabine, hole meinen Stift und mein Handy heraus, setze einen Haken in das vierte Kästchen, neben den Namen Tichanowskaja. Ich mache ein Foto mit dem Handy, lausche, was hinter mir ist ... Aber niemand greift ein. Dann fotografiere ich die beiden Unterschriften, zweimal. Und dann mache ich noch ein Foto von der Vorderseite. Ich versuche, cool auszusehen, obwohl ich innerlich bebe. Und schließlich falte ich den Zettel wie empfohlen und werfe ihn in die halb durchsichtige Wahlurne. Beim Verlassen des Wahllokals hören wir, dass das Mädchen mit dem Kranz noch ein Lied über die Heimat singt, diesmal auf Belarusisch. „Viva Belarus!", sage ich zu ihr. Zwei Frauen, die neben ihr stehen, vielleicht Lehrerinnen, runzeln die Stirn.

***

Jetzt fährt uns dein Bruder Illya nach Šabany, eine Wohngegend im Südosten von Minsk, wo ihr beide aufgewachsen seid, wo deine Eltern leben und wo dein Wahllokal liegt. Vor acht Jahren, als du noch in Hamburg lebtest, hast du einen Roman über die Gegend geschrieben, mit dem Titel *Šabany: Die Geschichte eines Verschwindens*[*], über die Unmöglichkeit zurückzukehren.

„Šabany ist kein Dorf. Šabany ist auch keine Stadt. Šabany, das ist wie das Lied eines Laienbarden, weder wahre Musik noch wahre Poesie, das ist etablierte Absonderlichkeit, offiziell bestätigte Nichtexistenz, ewig neue Kleider des längst toten Kaisers." Das Wahllokal befindet sich in deiner alten, so verhassten Schule, die du damals hinter dir gelassen hast. Du wirst sie nun wieder betreten, wirst nach einem 28 Jahre währenden Verschwinden zurückkehren …

Während der langen Fahrt durch die sonnige Stadt schiebt Illya die Lieder von Viktor Tsoi ein. Wir öffnen die Fenster und rasen mit *Peremen!*[*] in unseren Ohren und Herzen die Straßen entlang. Hier und da hallt der gleiche Song aus anderen Autos. Illya schaltet die Musik auch nicht ab, als ein Polizeiauto vorbeifährt. Heute ist der Tag, an dem wir keine Angst haben sollen. Jana, seine ganz in Weiß gekleidete Frau, zeigt ihre Sammlung weißer Armbänder und schenkt uns elastische statt unserer selbstgemachten aus meinem Nähkästchen.

Auf dem Parkplatz in Šabany spielt eine andere Musik: kitschig, laut, der blecherne Sound der Stabilität. Er kommt aus dem Wahllokal vor uns, auf das wir alle sechs zugehen (deine Eltern sind mit dabei). Und je näher wir kommen, desto ohrenbetäubender wird die Musik.

Deine Mutter hat sich ebenfalls festlich angezogen: blauer Schmuck, ein rosa Lippenstift und eine weiße Maske als Zeichen der Zeit. Wir alle lächeln, lachen sogar, wir freuen uns, dass wir uns an diesem schönen Sonntag treffen. Wie früher in die Kirche geht unsere große Familie gemeinsam zum Wahllokal.

Jetzt, am Nachmittag, ist die Zahl der Wähler sichtlich gewachsen. Die Leute strömen zum Wahllokal, und auf dem Rückweg bleiben einige vor dem Zaun stehen, um dem schrillen Singen des eingeladenen „Popstars“ zuzuhören. Ich kenne ihn noch aus den Jahren meiner Schulzeit, als ich noch ferngesehen habe. Er versucht, jung und sexy auszusehen, und wenn man ihn von weitem sieht, bekommt er das einigermaßen hin. Vielleicht ein Grund, warum die Musik so laut ist: die Leute auf Abstand halten, damit man seine verblassende Ausstrahlung nicht bemerkt?

Hinter der schweren Tür, in der Frische und Dunkelheit im Flur, wird die Musik leiser. Wir atmen alle tief durch. Alle außer dir. Dich packen plötzlich die jugendlichen Dämonen der Vergangenheit. Schlamm vom Grund deiner Erinnerung macht sich auf deinem weißen Hemd bemerkbar. Du ergreifst hastig meine Hand, aus Sorge, ohnmächtig zu werden. Wir werden langsamer, wir bleiben zurück, wir bitten die Familie, schon nach oben zu gehen: Wir kommen gleich nach.

Du warst hier nicht der Ausgestoßene, wurdest weder schikaniert noch gemobbt. Aber das Leben, auf das du hier vorbereitet wurdest, war nicht gerade das, was du dir erträumt hast. Davor bist du geflohen, deshalb bist du wie die Figur aus deinem Roman lange Zeit aus Šabany verschwunden. Und jetzt bist du also wieder da, ein Odysseus, der sein Ithaka betritt, der verlorene Sohn. Nein, natürlich ist das nicht der Fall bei dir. Also, einatmen und langsam ausatmen, einatmen und ausatmen. Du bist ein erwachsener Schriftsteller, das ist nicht das Zuhause, das du verlassen hast. Es ist nur ein Wahllokal, du bist gekommen, um zu wählen. Also los, gehen wir.

Unser lautstarkes Grüppchen nimmt die Hälfte des Raumes ein. Als deine Familie, ihr seid ja alle fünf unter der gleichen Adresse gemeldet, die Wahlzettel entgegen nimmt, erkennst du unter den Frauen der Wahlkommission – es sind ausschließlich Frauen – eine ehemalige Lehrerin. Aber sie erkennt den großen Mann mit grauem Bart nicht, der du geworden bist. Langsam einatmen und ausatmen.

Jana und ich helfen deinen Eltern, die Wahlzettel auf die winzigen Punkte und die beiden Unterschriften auf der Rückseite zu überprüfen. Illya unterstützt deinen Vater, das Foto zu machen, nachdem er sein Kreuz gesetzt hat. Es ist kein Geheimnis, dass ihr alle für Tichanowskaja gestimmt habt, deshalb packt ihr nun auch alle eure Zettel zusammen.

Wir gehen die Treppe hinunter, und deine Familie will in der Schulkantine noch ein paar Süßigkeiten für die kleine Party kaufen, die wir gleich veranstalten wollen. Du sagst ihnen, dass wir draußen auf dem Platz vor der Schule warten. Und während du nervös deine üblen Erinnerungen wegrauchst, wende ich mich dem alternden „Popstar“ zu; er singt lautstark von Liebe und schaut mir dabei direkt in die Augen. Sein schlechter Musikgeschmack und sein Verfall widern mich an, ich zeige ihm wütend und etwas unbeholfen die berühmten Gesten der drei Ladys: das Victoryzeichen, die geballte Faust und das Herz. Der Star singt, lächelt und nickt.

***

Ein kleines Festmahl mit Kürbissalat und Champagner in der elterlichen Wohnung und dem einen oder anderen Toast auf den kommenden Sieg, dann bringt uns (diesmal) Jana nach Hause. In der Stadt ist das Internet bereits abgeschaltet. Man kann weder *Facebook* noch die *news*-Webseiten lesen. Nur *Telegram* funktioniert noch halbwegs, wenn ich es über immer wieder wechselnde Proxy-Server nutze.

Die Wahlbeteiligung im Land ist unglaublich. Noch nie haben so vielen Belarusen gewählt. Vor einigen Minsker Wahllokalen sind die Schlangen Dutzende von Metern lang, in den Wahllokalen im Ausland, in den belarusischen Botschaften, stehen sogar noch mehr Wähler, aber für sie sind nur ein oder zwei Wahlkabinen da. Viele werden also vor 20 Uhr nicht wählen können.

Wenn heute so viele wählen wollten, wer waren dann die 32,4 Prozent vom Samstag? Lidzija Jarmošyna, die Vorsitzende des zentralen Wahlkomitees, hat die langen Wähler-Schlangen als „Provokation und Sabotage“ bezeichnet. In einigen Wahllokalen liegt die Wahlbeteiligung im Moment schon bei über 100 Prozent.

Den *Telegram*-Kanälen zufolge sind bereits Militärfahrzeuge auf dem Weg ins Stadtzentrum. Bewaffnete patrouillieren an den Einfallstraßen nach Minsk, die Niezaliežnasci Allee ist gesperrt.

***

Abends um sieben treffen wir uns mit unserer Freundin T. am Opernhaus. Sie will dir ihren Laptop leihen, den sie nicht mehr benutzt, weil dein alter, auf dem du ein Dutzend Bücher geschrieben hast, kaputt ist. Einen neuen Computer können wir uns nicht leisten, auch nicht den allerbilligsten. Ich frage mich, ob das Museum für die Geschichte der belarusischen Literatur, das hier in der Nähe liegt, diese tote Maschine mit einem halb abgebrochenen Deckel in seine Sammlung aufnehmen würde, um sie den Freunden der Literatur präsentieren zu können, so wie eine dieser kleinen ägyptischen Mumien (von Katzen und Fischen und Käfern), die wir im Louvre gesehen haben … Vielleicht in einem neuen Belarus, wer weiß.

T. lädt uns in ihr Lieblingscafé hier in der Nähe ein: nur drei Tische, aber das leckere Essen und die besondere Atmosphäre machen es zu einem eher ungewöhnlichen Ort in Minsk. Wir sind am Wahlabend die einzigen Gäste. Wir essen Eis, trinken Wein und reden über Politik. T. erzählt uns von den Protesten, die sie in diesem Sommer in der eigentlich immer ruhigen Stadt, in der sie aufgewachsen ist, erlebt hat. Sie ist in Belarus seit den neunziger Jahren politisch aktiv, aber auch von ihr kommt keine Prognose, was passieren könnte. Niemand kann die abgeben, wir auch nicht.

Es ist fast acht Uhr abends, die Wahllokale schließen. Ich bin ein bisschen beschwipst, ich hatte heute noch nichts gegessen … Ich frage die Café-Besitzerin nach dem Zugang fürs

W-Lan und lese Nachrichten auf *Telegram*. Den staatlichen Exit-Polls zufolge hat Lukaschenko 79,7 Prozent bekommen und Tichanowskaja nur 6,8 Prozent! Was zum Teufel ...?! Das ist schon eine unglaubliche Lüge! Und obwohl das nur Exit-Polls sind, werden sie ihn schlussendlich kaum schlechter aussehen lassen!

Wir verlassen das Café, und T. schlägt vor, zu ihrem Wahllokal zu gehen, das gleich um die Ecke liegt. Rund dreißig Leute warten dort bereits auf die Bekanntgabe der Wahlergebnisse. Ich berichte von den ungeheuerlichen Zahlen der staatlichen Exit-Polls. Einige lachen nervös.

***

Als wir den Bus nach Hause nehmen, ist es fast neun. Am Stele-Denkmal versuchen wir wie die anderen im Bus, durch die Fenster Anzeichen der großen Demonstration zu erspähen, die für den Abend hier angekündigt war. Nur kleine Gruppen laufen herum oder sitzen auf den Stufen, einige Polizisten patrouillieren, ein Gefangenenwagen in der Nähe. Nichts weiter, aber etwas Schicksalhaftes hängt in der Luft.

Eine ältere Frau mit einem weißen Schal sitzt vor mir. Sie hat einen offenen Blick, angespannt schaut sie aus dem Fenster, sie sieht die Polizisten in Schwarz, die jungen Männer in ihrer hellen Kleidung, sie sieht die Autos der Miliz und beginnt leise zu murmeln. Ich glaube, sie spricht ein Gebet für die Welt um sie herum, aus einem kleinen Buch auf ihrem Schoß.

***

Wieder stehen wir vor dem eisernen Schultor an meinem Wahllokal, in der kühlen Dämmerung der Nacht sieht es ganz anders aus. Wir hatten befürchtet, wir kämen zu spät, aber noch etwa hundert Leute sind da und sitzen oder stehen herum und vertreten sich die Beine. Eigentlich sind wir hier Fremde, wir wohnen erst seit einem Jahr in der Gegend.

Ich trete zu eine Gruppe junger Leute, die weißen Bänder an ihren Armen schimmern in der Dunkelheit. Du hattest mich gebeten, mein Armband vorsichtshalber nicht anzulegen, jetzt könnten wir deshalb hier für sie eher verdächtig wirken. Ich frage auf Belarusisch nach den Wahlergebnissen, und auch das macht uns verdächtig. Aber nachdem sie uns von oben bis unten gemustert haben und sehen, dass wir keine Spitzel sind, antwortet eine junge Frau. Die Wahlhelfer haben sich in der Schule eingeschlossen, sie haben noch keine Ergebnisse angezeigt.

Zu Hause las ich von Blendgranaten, die bei einigen Wahllokalen geworfen wurden, von Bereitschaftspolizei, gerufen, um die Wartenden festzunehmen, Leute wie uns. Ich las von Lehrern, die die Stimmen auszählen sollten und bei der Polizei anriefen, um ihre Schüler oder die Eltern ihrer Schüler oder die eigenen Nachbarn verhaften zu lassen … Wir müssen alle auf der Hut sein.

Plötzlich leuchten in der Seitenstraße zwei Scheinwerfer auf. Ein kleines Polizeiauto nähert sich dem Schultor. Die beiden Polizisten beobachtet uns. Wir alle erstarren und mustern nun sie in düsterer Anspannung. Nach einer Minute wendet das Auto und fährt weg. Wir beruhigen uns für den Moment.

Aber nach ein paar Minuten kehrt das Auto zurück, dahinter nun ein gelber Bus, einer von denen, die wir normalerweise nehmen. „Sonderfahrt“ steht mit leuchtenden Lettern vorn an dem Bus. Innen allerdings ist gar nichts erleuchtet, aus der

Ferne können wir nicht erkennen, ob er leer ist oder voll mit den Polizisten in Schwarz. Wir atmen durch, als er im orangen Licht der Straßenlaterne näher kommt: Es ist niemand drin.

Das Polizeiauto fährt durch das eiserne Tor und parkt vor dem Eingang der Schule, wo tagsüber das süße Mädchen mit Kranz von ihrer Liebe zum Vaterland sang. Jetzt ist von der Festtagsstimmung nichts geblieben, nur ein kahler Asphaltplatz. Einer der Polizisten geht auf den Eingang zu, durch die für ihn geöffnete Tür spricht er mit jemandem drinnen.

Der gelbe Bus wendet und setzt nun zurück in Richtung Eingang. Wir alle stehen vor dem Zaun und schauen durch die Gitterstäbe. Der Bus setzt bis dicht an den Eingang zurück und stoppt. Jetzt verlassen die Lehrer eilig das Gelände und verschwinden im Inneren des Busses, der Fahrer wurde angewiesen, das Licht nicht einzuschalten. Einer nach dem anderen steigen sie in den Bus ein, die Köpfe zwischen den Schultern. Sie werden uns die Wahlergebnisse nicht zeigen, nein, sie fliehen tatsächlich unter dem Schutz der Polizei. Als wir merken, dass wir reingelegt worden sind, fangen wir an zu brüllen: „Schande! Feiglinge!“

Der Bus voller Lehrer-Fälscher startet, rollt durch das Tor und fährt davon. Wir brüllen immer lauter. In der Dunkelheit drinnen im Bus wenden die Passagiere ihre Gesichter ab, sie wollen nicht erkannt werden. Ich nehme an, auch ein bärtiger Mann im kurzärmeligen Hemd, derjenige, der mir meinen Wahlzettel gegeben hat, ist dabei. Jemand spuckt an das Busfenster, ein anderer tut es ihm nach. Die Spucke bleibt auf der Oberfläche kleben und glitzert im Licht der Straßenlaterne. „Schande!“ – rufen wir dem Bus hinterher. Das Polizeiauto folgt ihm.

Einige der Schnelleren und Mutigeren laufen zum Schuleingang, um doch noch nach den Wahlergebnissen zu suchen, aber an den unbeleuchteten Fenstern gibt es nichts zu sehen. Die Schule ist leer.

10. August

– Ist es Blut?, frage ich und betrachte die Serie runder brauner Flecken auf dem Gehweg. Sie sehen aus wie getrocknete Tropfen.

– Könnte sein, antwortest du und beugst dich vor, um genauer hinzusehen zu können.

– Doch, ich bin sicher, das ist Blut.

Ich mache Fotos von den Flecken, ich möchte, dass sie erhalten bleiben, dass man sich an sie erinnert. Es ist jetzt Mittag. Die Luft ist heiß und feucht. An dem dunstigen Himmel versucht die Sonne durchzukommen, und ich merke nicht gleich, dass der Schatten meines Kopfes die eingetrockneten Blutspritzer berührt.

Die ganze Stadt sieht völlig normal aus, so als ob nichts passiert wäre: kein Wahlbetrug, keine Schläge, keine Blendgranaten, keine Verletzten, (vielleicht) keine Toten. Als wäre das ein normaler Montag, die Leute wachen einfach auf und gehen zur Arbeit, wie immer. Und wie viele haben heute nur ein paar Stunden geschlafen, wie viele konnten überhaupt nicht schlafen?

***

Nachdem sich gestern Abend die Wahlhelfer davon gemacht haben, sind wir nach Hause gegangen, um die Nachrichten auf *Telegram* zu checken und zu entscheiden, was wir tun sollten. Du hast die Katze gefüttert, ich begann, diese kurzen, knappen Berichte aus den Straßen von Minsk, aus großen und kleinen Städten und Dörfern im Land laut vorzulesen: über die Polizeigewalt, über Milizautos, die auf Menschen zurasen, über Blendgranaten auf Unbewaffnete, über Gummigeschosse, die in die Menge der friedlichen Demonstranten abgefeuert werden, Demonstranten, die die Resultate der manipulierten Wahl nicht hinnehmen wollen. Ich saß wie festgenagelt auf dem Küchenhocker, als ich las, was genau in diesen Minuten geschah.

Trotz der Proxy-Server war die Internetverbindung schlecht. Dutzende von Bildern und Videos luden so langsam und waren so schrecklich anzuschauen, dass ich mich entschied, es zu lassen. Die Texte über die Brutalität waren schon völlig ausreichend. Wir beide saßen angespannt in unserer winzigen Küche, mit Bier und Wein, und das Adrenalin im Blut ließ uns nicht einmal ein bisschen betrunken werden. Durch das offene Fenster hörten wir den schrecklichen Sound des Krieges, sahen die Funken von Explosionen. Diese ganze Hölle, nur ein paar Kilometer von unser Wohnung entfernt.

Auch Ania und Ihar hatten bei ihrem Wahllokal auf die Ergebnisse gewartet. Sie hatten Glück und konnten sich hinter dem Schulgebäude verstecken, als OMON die wartenden Wähler angriff. Sie schafften es irgendwie nach Hause. Handyanrufe hin und her, um die jüngsten Nachrichten auszutauschen. Es gelang ihnen nicht, einen Proxy-Server zu laden, also war ihre *Telegram*-Verbindung nicht zu gebrauchen. Aber eine gemeinsame Freundin in Polen rief sie an und berichtete, was sie online gelesen hatte, dort in einem freien Land. Du batest mich, leiser zu sein am Telefon, wegen der vielleicht schlafenden Nachbarn. Schlafen in so einer verrückten Nacht, mit den knallenden Granaten?!

Mein Bruder und einige unserer Freunde waren dort gewesen, bei der Stele. Uns fällt ein Stein vom Herzen, als wir Pecia anrufen können und hören, dass er es geschafft hat, zu entkommen und sich in der Nähe in der Wohnung eines Freundes in Sicherheit zu bringen. Und was für eine Erleichterung, als wir hören, dass Uladz nach Hause durchgekommen ist.

Es war fast drei Uhr, als wir ins Bett gingen. Am Morgen, noch im Bett, checke ich *Telegram* auf meinem Handy. Die offiziellen Wahlergebnisse:

Alexander Lukaschenko – 80,23 %
Swetlana Tichanowskaja – 9,9 %
Hanna Kanapatskaya – 1,68 %
Andrej Dzmitryeu – 1,04 %
Siarhei Cherachen – 1,13 %
Andere – 6,02 %

Xi Jinping, Qassym-Schomart Toqajew und Wladimir Putin haben Lukaschenko zu seinem Sieg gratuliert.

Am Morgen fühlte es sich an, als wäre die Nacht noch nicht zu Ende, als würden wir noch immer diesen langen Wahltag durchleben. Was wir erhofft hatten, ist nicht in Erfüllung gegangen, das, von dem wir befürchteten, es für wahrscheinlich halten zu müssen, trat tatsächlich ein. Und jetzt ein Schmerz, als blühte eine riesige schwarze Blume in meinem Magen auf, mir wird übel.

Nach Angaben der Menschenrechtsorganisation „Viasna" ist eine Person ums Leben gekommen. Ein junger Mann erlitt eine Kopfverletzung, die Sanitäter konnten ihn nicht retten. Dutzende von Verletzten wurden in die Krankenhäuser gebracht. Laut Polizei wurden etwa tausend Menschen festgenommen.

Wir würgten ein Frühstück herunter, und du schlugst vor, raus zu gehen und zu sehen, ob sich in der Stadt irgendwas verändert hat. Es sah nicht so aus. Selbst an der Stele, da, wo es auf der gegenüberliegenden Straßenseite nachts zu Zusammenstößen gekommen war, fanden wir nur diese getrockneten Blutflecken auf dem Gehwegplatten, nichts weiter. Die großen Rasenflächen waren grün und sauber und makellos wie immer. Diese berühmte Minsker Sauberkeit! Fast jeder Ausländer schien sie zu bemerken und als eine der Hauptattraktionen der Stadt für erwähnenswert zu halten. Ist Minsk noch attraktiv für Ausländer?

Unsere Freundin Valzhyna, eine Dichterin, die in den USA lebt, ist seit dieser Nacht bei *Telegram*. Ich sah die Meldung und habe ihr sofort geschrieben. Allerdings funktionierte die Verbindung erst, als wir kurz nach Hause gingen: Auf den Straßen war das mobile Internet immer noch abgeschaltet, auch zu Hause waren fast alle unabhängigen Medien weiterhin nicht erreichbar, *Facebook* blieb blockiert. Lukaschenko behauptete am Morgen, es sei vom Ausland blockiert worden, von Feinden, die den Belarusen wünschten, dass sie ohne Internet durchdrehen.

Valzhyna erzählte mir, dass die internationalen Nachrichtenkanäle ausführlich über die Situation in Belarus berichteten. Sie hörte über uns bei der *BBC*, las über uns im *Guardian*, sah jede Menge Fotos auf *Facebook*. Das heißt, dass die Gräueltaten der belarusischen Machthaben nicht unbemerkt durchgehen … Aber Gott sei Dank erwies sich die Meldung über den Toten als falsch.

Ihar und Ania kamen mit dem Auto, um uns mit der *Psiphon*-App zu helfen, mit der man eine Internet-Blockade umgehen kann. Wir trafen uns draußen vor dem Haus im Schatten der Bäume und versuchten, Abstand voneinander und von den Nachbarn zu halten, die wieder am Eingang saßen. COVID ist ja immer noch da, auch wenn der verrückte Tyrann im Moment viel schlimmer scheint. Unsere Freunde hatten die App von Uladz, sie waren eben bei ihm zu Hause. Es sei eigentlich gar nicht so schlimm gewesen an der Stele, wie es auf den Bildern der letzten Nacht aussah, hatte Uladz ihnen berichtet. Ich persönlich hatte da meine Zweifel, wir alle eigentlich, und ich wollte lieber nicht dabei sein.

Als Ihar und Ania gegangen waren, tauschten Valzhyna und ich weiter SMS über *Telegram* aus:

18.30
Ich: Ich weiß wirklich nicht, was ich machen soll. Ich lasse Alhierd nicht rausgehen, und er lässt mich nicht … Aber das Gewissen quält mich … denn was können wir sonst tun?

19.16
V.: Ich denke, wenn man es nicht um den Nervenkitzel geht, sollte man es lassen. Das Gewissen hat damit nichts zu tun. Ihr müsst am Leben bleiben.

19.18
Ich: Wir gehen jetzt raus, wir sehen uns um. Es gibt einige Sammelpunkte bei uns in der Gegend.

19.19
V.: Bleibt Ihr online? Es sind schon wieder Leute festgenommen worden. Alhierd ist so groß, man kann ihn doch schon von weitem sehen.

19.20
Ich: Werde ich, wenn das Internet geht.

Aber als wir draußen waren, ging das Internet immer noch nicht. Keine Spur von Protesten am Tag, und ich war ein bisschen enttäuscht: Heißt das, die Leute haben den Betrug und die Gewalt der letzten Nacht akzeptiert? Wird es wieder so enden wie immer: wie nach den manipulierten Wahlen von 2001, von 2006, von 2010, von 2015 …

Wir laufen die Puschkin-Allee entlang, ein bisschen schüchtern strecke ich den Arm aus, wenn Autos vorbeifahren, und mir wird klar, dass ich zu schnell war mit meinem Urteil. Die Passanten wirken so ruhig und passiv, sie gehen einkaufen, sie führen wie immer den Hund spazieren … Aber wenn ein Auto hupt oder wenn *Peremen!* aus dem offenen Fenster dröhnt, dann heben diese passiven Belarusen plötzlich stolz den Arm zum Gruß.

Je näher wir der Metro-Station Puschkinskaja kommen, desto mehr Menschen sehen wir auf der Straße. Mehrere Tausend sind es an den vier Ecken der riesigen Kreuzung von Puschkin-Allee und Prytycki-Straße. Wir stehen am Straßenrand und rufen „*Žyvie Belarus!*“ („Viva Belarus!“) und „*Uhadzi!*“ („Verschwinde!“), wir klatschen in die Hände, wir lächeln uns zu. Kein Anführer wird jetzt kommen, das wissen wir, keine Rede wird gehalten. Wir müssen uns selbst organisieren, wir müssen selbst zeigen, dass wir gegen diese Aktion des Regimes sind.

Weder Polizei noch Militärs mit ihren Autos sind in Sicht, nur hupende Autos und klatschende Menschen. Obwohl jemand sagt, dass sie in der Kalvaryjskaja Straße, nicht weit von hier, bereits begonnen haben, den Protest aufzulösen. Aber wir sind im Moment hier, auf uns selbst gestellt, wie Kinder, die allein zu Hause sind. Der Geist der Freiheit, zu spüren bis in die Haarspitzen, zum ersten Mal seit vielen Jahren.

Die Zahl der Menschen wächst von Minute zu Minute. Auf der gegenüberliegenden Straßenseite, oben beim Kino „Aurora", stehen mehrere Tausend und klatschen, jemand schwenkt eine große weiß-rot-weiße Fahne. Plötzlich setzen sich die Demonstranten in Bewegung, steigen auf die Fahrbahn, blockieren den Verkehr und lassen nur eine von drei Fahrspuren frei. Innerhalb weniger Minuten kommt der Verkehr in alle vier Richtungen fast vollständig zum Stillstand. Immer mehr Menschen füllen die riesigen Flächen der Fahrbahn. Aber den im Stau stehenden Fahrern scheint das nichts auszumachen, manche steigen aus ihren Autos und klatschen und rufen zusammen mit den Demonstranten deren Parolen, einige schwenken sogar Fahnen. Mir fällt nur ein einzelner Trolley-Fahrer auf, der mit diesem ganzen Theater gar nicht zufrieden ist, durch das offene Fenster seiner Fahrerkabine sehe ich den irritierten Ausdruck auf seinem Gesicht. Sein Bus kommt langsam auf der freien Spur voran, an der Haltestelle lässt er die Fahrgäste aussteigen und stellt den Motor ab.

Vielleicht fünf- bis siebentausend Leute haben sich an der Metrostation Puschkinskaja versammelt. Es wird dunkler, die Luft scheint elektrisch aufgeladen, und als wir sehen, wie Leute große Blumenkübel auf die Straße ziehen, um eine Barrikade zu errichten, vermutest du, die Polizei sei unterwegs. Also sollten wir besser gehen. Ich folge deinem Instinkt, ich spüre, wie die Gefahr näher kommt, ich muss an die gestrige Nacht denken.

Es ist halb zehn, es dämmert. Die Innenhöfe rundherum könnten voller Bereitschaftspolizei sein, die Leuten auflauert, die sich wie wir entscheiden, jetzt zu gehen. Wir laufen also lieber die Prytycki-Straße entlang, ein paar hundert Meter. Am Straßenrand winkende Menschen, die Autos im Stau mit geöffneten Türen und lauter Musik, Radfahrer in Lederjacken, die miteinander plaudern und lachen. Allmählich verstummen die Stimmen und das Hupen des Protests, und erst jetzt biegen wir nach rechts ab durch einen schummrigen Torbogen und stehen in der Dunkelheit.

Schnell durchqueren wir Höfe, in denen wir tagsüber noch nie waren, und laufen über die kaum beleuchteten Wege im Park des 60. Jahrestags des Oktobers, wo nur hier und da aprikosenfarbene Lampen für Licht sorgen. Ich erinnere mich, dass wir hier einmal einen Abend im Juli verbracht haben, wir aßen Sandwiches, die du gemacht hattest, und sprachen über die ungewisse Zukunft des Landes. Viel Raum für Optimismus war da nicht, die stärksten Kandidaten verhaftet, worauf sollte man da noch hoffen? Und doch … Ich konnte das Handy gar nicht beiseitelegen, ich hatte das Gefühl, ich müsste alle fünf Minuten die Nachrichten checken, und das kam mir schon etwas krank vor. Jetzt ist es die neue Normalität, und während der zwei Tage Shutdown habe ich schon Entzugserscheinungen, oder ist auch das einfach eine neue Normalität? In einem Laden in der Nähe unserer Wohnung kaufen wir ein Bier für mich und billigen Wein für dich, ein ungesundes Ritual.

Obwohl es mir so lang schien, brauchen wir nur zehn Minuten, um nach Hause zu kommen. Schon auf der Treppe, während du die Tür öffnest und auf die Katze einredest, die uns etwas gereizt entgegenkommt, fange ich an, die Nachrichten durchzuscrollen.

Überall in Minsk gibt es Proteste: Hrušauka, Malinauka, Sierabranka, Uručča, bei der Metrostation „Michalova“ und in der Nähe des Einkaufszentrums Riga … Aktionen auch in anderen Städten und Orten: Mahiliou, Mazyr, Hrodna, Barysau, Homiel, Viciebsk, Brest, Mar'ina Horka, Kobryn, Smarhon', Žabinka …

Wie zu erwarten war, treffen die Demonstranten auf die gleiche Brutalität wie in der Nacht zuvor: Blendgranaten, Gummigeschosse, Schläge und Verhaftungen … Einer Journalistin von *Nasha Niva* schießen sie gezielt ins Bein. Ein Busfahrer wird schwer verletzt. Viele Menschen werden durch Granaten verwundet …

Wir trinken Bier und Wein, wir öffnen das Fenster, um die Explosionen und das ununterbrochene Hupen der Autos zu hören, die die ganze Puschkin-Allee blockieren.

Pecia ruft mich an, um sich nach Neuigkeiten zu erkundigen. Er steckt mit Freunden in einem riesigen Stau vor der Metrostation Puschkinskaja. Im Auto hören sie die Explosionen, können aber weder vor noch zurück. Für den Fall, dass sie einen Unterschlupf brauchen, um sich die Nacht über zu verstecken, wiederhole ich mehrmals unsere Adresse, damit er sie behält. In unserer kleinen Wohnung ist nicht so viel Platz, aber die Leute können auf dem Flur oder in der Küche schlafen. Irgendwas richten wir schon her, wenn nötig.

Ich überlege, ob ich Wasserflaschen, Wasserstoffperoxid und Verbandszeug irgendwohin in die Nähe der Puschkin-Allee bringen soll (wir wohnen fünf Minuten zu Fuß von dort). Aber wir entscheiden, dass es immer noch zu weit von der heißen Zone entfernt ist.

Beim Kino Aurora wird Tränengas eingesetzt, die Einsatzpolizei geht mit Tasern vor … Wir lesen von Blendgranaten und Schüssen in der Nähe der Riga Shopping Mall, wo die Leute begonnen haben, Barrikaden zu bauen. Ich bin froh, dass Ania und Ihar jetzt zu Hause sind.

Um 23.46 Uhr lese ich, dass eine Person in der Prytycki-Straße getötet wurde. Die Polizei gibt an, sie habe einen explosiven Gegenstand in der Hand gehabt. Journalisten sagen, die Demonstranten seien massiv beschossen worden. Ich glaube den Journalisten, nicht den Staatsterroristen. Sieben Krankenwagen treffen an der Shopping Mall ein, die Leute riechen Gas. In der Prytycki-Straße sind Barrikaden der Demonstranten von der Polizei geräumt worden. Die Leute rennen weg.

Bier und Wein haben wir ausgetrunken, sitzen immer noch in unserer engen Küche, hören immer noch die Explosionen in der Dunkelheit vor den Fenstern.

Gegen drei wecken wir die Katze, die seit Stunden zusammengerollt unser Bett einnimmt, wir legen uns hin, schließen die Augen, öffnen sie wieder. Lange können wir nicht einschlafen. Der Wahltag ist noch nicht zu Ende.

11. August

Vor den Blumenläden in der U-Bahn stehen nur noch große leere Plastikvasen. Die Verkäuferinnen unterhalten sich halblaut, die Arme verschränkt, sie beäugen misstrauisch die Passanten. Es ist erst Mittag, aber die meisten Blumen sind bereits ausverkauft. In den Schaufenstern stehen noch ein paar aufwendig verpackte Sträuße, die sich vielleicht für kitschige Hochzeiten eignen.

Wir suchen die Läden im U-Bahnhof Puschkinskaja ab und entdecken noch ein paar übrig gebliebene Chrysanthemen. Die Verkäuferin zieht vier lange Stiele mit gelben Blüten heraus, von den spitzen Enden tropft Wasser auf den Betonboden. Die seien aber doch ziemlich teuer, sage ich dummerweise zu der Verkäuferin. Sie reagiert gereizt und regt sich auf: Sie nutze die Situation nicht aus, sie verkaufe sogar billiger als andere. Ich schäme mich, ich habe schon lange keine Blumen mehr gekauft, das ist für uns jetzt eine Art Luxus. Ich bin rot geworden und gehe nun hinter dir die Treppe hinauf zu dem Ort, wo wir gestern noch gejubelt und gerufen haben und wo ein Mensch von der Polizei mit Gummigeschossen getötet wurde.

Es gibt keine eigentliche Gedenkstelle. Die Leute stecken einfach die Blumen in den Metallzaun, verharren still oder zeigen den hupenden Autos das Victory-Zeichen. Einige Frauen können die Tränen nicht zurückhalten. Auch wir stehen still da, zusammen mit den anderen. Hunderte von Blumen an allen vier Straßenecken, und ein großer Strauß liegt in der Mitte der Kreuzung. Ich sehe, wie einer den Arm aus dem Auto herausstreckt und rote und weiße Rosen auf die Fahrbahn wirft.

***

In der gleißenden Sonne gehen wir über die Brücke in Richtung des Industriegebiets in der Kazlova-Straße. Die Arbeiter des „Minsker Elektrotechnischen Werks" sollen streiken, wir wollen schauen, ob das stimmt, und sie vielleicht irgendwie unterstützen. In Belarus hat es seit den 1990er Jahren praktisch keine Streiks mehr gegeben. Damals hatten die Arbeiter vor allem wirtschaftliche Forderungen, heute protestieren sie gegen die Wahlfälschung, gegen die Brutalität der Polizei, gegen Verhaftungen und Internetsperre. Unglaublich!

Die andere wichtige Nachricht dieses Morgens: Swetlana Tichanowskaja ist in Litauen. Sie wurde in der Nacht gezwungen, das Land zu verlassen. „Ich habe eine für mich sehr schwierige Entscheidung getroffen", sagte sie in einem Video, mit dem sie sich an das belarusische Volk wendet. „Ich weiß, dass viele mich verstehen werden, viele werden mich kritisieren, und viele werden mich hassen. Aber Gott bewahre euch, vor einer Wahl zu stehen wie der, vor der ich gestanden habe."

Ich verurteile sie nicht, sie hat so viel schon getan. Sie hat den Belarusen geholfen, an sich selbst zu glauben und aufzustehen nach all diesen Jahren von Lügen, Verachtung und Repression. Ehrlich gesagt, hat niemand erwartet, dass sie bei den Protesten vor den Einsatzpolizisten in voller Montur in der ersten Reihe steht. Aber nun wissen wir, dass die Präsidentin, für die wir gestimmt haben, nicht hier bei uns ist …

Vor den Toren des „Elektrotechnischen Werks" laufen etwa zehn Leute auf und ab, jung die meisten, in hellen T-Shirts und kurzen Hosen, sie unterhalten sich und lachen. Sie sehen eher aus wie coole Studenten in den Ferien als wie Mitglieder der Arbeiterklasse. Zwei Fotografen, die blaue Jacken mit dem Schriftzug PRESS auf dem Rücken tragen, machen Bilder von ihnen. Ein teures weißes Auto hält am Werkseingang, drei andere junge Leute steigen aus und gesellen sich zu ihren politisch engagierten Freunden. Aber kein Arbeiter aus der Fabrik kommt zu seinen Unterstützern. Hat es dann überhaupt Sinn, hier zu stehen?

***

„Das Kriegsrecht wird verhängt, heißt es. Sie werden die Geschäfte schließen, man wird nicht mehr aus dem Haus gehen dürfen. So wollen sie die Proteste stoppen. Und sie werden heute um sechs das Internet und den Mobilfunk abschalten."

Wir treffen L., die uns diese Schreckensgeschichten erzählt, und ihren Mann beim famosen „Ocean"-Center. Ich schäme mich, dass ich ein bisschen aufgekratzt bin, wegen des sonnigen Tages, wegen der Nachrichten der Streiks von Arbeitern. Das Lächeln, das ich eben noch gezeigt habe, verschwindet unter dem ernsten Blick von L.

„Wir müssen etwas tun", sagt sie. „Ich finde, wir sollten Flugblätter machen und sie in die Briefkästen unserer Wohnblocks stecken." In dem Block, in dem wir jetzt wohnen, gibt es nur einen Briefkasten, groß, weiß, mit der Nummer 61, einem doppelköpfigen Adler und dem Schriftzug RUSSLAND. Die Post für die übrigen Bewohner wird einfach auf dem Fensterbrett im ersten Stock gestapelt oder liegt auf den staubigen Heizkörpern im Erdgeschoss. Also keine gute Idee für uns.

Mein Telefon klingelt, es ist Ania. Beim „Elektrotechnischen Werk" werden gerade Leute von der Polizei in Gefängniswagen verfrachtet. Wir haben Glück gehabt, dass wir den Ort früher verlassen haben; ich stelle mir vor, wie diese jungen Männer, die gekommen waren, um die Arbeiterklasse zu unterstützen, jetzt von der Polizei verprügelt werden …

Das Kriegsrecht. Man sollte also vorher einen Großeinkauf machen. Tiefgefrorene Hühnerbeine und -flügel, ein Kilo Buchweizen, Reis und Nudeln, Kartoffeln, ein paar Süßigkeiten, Milch und Butter … Was gehört auf die Liste? Bier und Wein?… Wir haben eingekauft.

Wieder zu Hause lese ich auf mehreren *Telegram*-Kanälen, der Mobilfunk werde möglicherweise am Abend abgeschaltet. Wir rufen unsere Eltern an, um sie zu warnen und uns zu verabschieden. Aber der Mobilfunk funktioniert weiter.

12. August

Am Morgen haben wir endlich wieder Internet, und so schreibe ich um 10.12 Uhr auf *Facebook* eine Nachricht für meine Freunde im Ausland:

„Liebe Freunde, Alhierd Bacharevič und ich sind gesund und munter. Wir sind zu einigen friedlichen Protesten gegangen, konnten sie aber verlassen, bevor die ganze Brutalität der Polizei einsetzte. Wir waren fast drei Tage vom Internet abgeschnitten. Telegram über Proxy-Server war unsere einzige Verbindung zur Welt und die einzige Nachrichtenquelle. VPN hat bei uns nicht funktioniert. Danke für eure Unterstützung und für die Verbreitung von Informationen über das, was in Belarus passiert!“

Richtig, bei uns ist alles in Ordnung, bis auf das deprimierende Gefühl, das ich nicht präzise in Worte fassen kann. Es ist weder Verzweiflung noch Panik, eher eine Art Schleier oder das Gefühl, dass alles „vor den Wahlen" keine Rolle mehr spielt … Dass eine Linie überschritten ist und weder Belarus noch die Menschen hier wieder so sein werden wie vorher. Wie die Tage zuvor, haben wir auch gestern die Nachrichten auf *Telegram* verfolgt. Und die Brutalität, mit der die Gestapo-Männer auf Menschen einprügeln, ihnen Blendgranaten zwischen die Beine werfen, Gummigeschosse in die unbewaffnete Menge der Demonstranten feuern oder in die Fenster der Wohnblocks, aus denen sie beschimpft werden, das ist für mich unbegreiflich … Mein kleiner Verstand fasst es einfach nicht.

Und die netten Lehrer, die seriösen Meister und Chefs wovon auch immer, die verbohrten Köpfe aus der Abteilung Ideologie, die manipuliert und gelogen, gelogen und gelogen haben, auch sie sind schuld an dieser beispiellosen Gewalt in Belarus. Soll doch all dieses Blut jedes einzelne Blatt Papier beflecken, das sie in ihrer ausufernden Handschrift abzeichnen, sollen doch die Schreie der Geschlagenen nie aufhören, in ihren Ohren zu hallen.

***

Heute haben wir in Belarus wieder Internet. Und während ich die *Facebook*-Posts meiner Freundinnen und Freunde lese, die endlich eine Möglichkeit haben, ihre Erfahrungen auszutauschen, fühle ich mich, als läse ich in einem Buch, das von Ales Adamowitsch* oder Swetlana Alexijewitsch* verfasst sein könnte. Derselbe vielstimmige Chor, der mich als Jugendliche bei dem Buch *Ich komme aus dem Feuerdorf* zum Weinen brachte (ich habe auch beim Lesen von *Tschernobyl. Eine*

Chronik der Zukunft[*] geweint, und das Schluchzen führte dazu, dass ich *Secondhand-Zeit* nicht zu Ende lesen konnte). Vielleicht wird später mal irgendein Autor all diese schmerzlichen Posts und Kommentare zu einem Buch zusammenfügen, einem Zeitdokument, das erzählen wird, was wir in diesen Tagen gefühlt haben.

***

Ich kann keine Barrikaden bauen, ich kann nicht schnell rennen und nicht gegen die Polizei kämpfen; als ich also von der Aktion der Frauen in der Nähe des Kamarouka-Markts las, beschloss ich: Das ist der Protest, der zu mir passt. Ich habe dich überredet, habe einen kleinen Rucksack gepackt (für den Fall einer Festnahme), und los ging's. Ein Stück vom Markt entfernt sah ich ein paar junge Frauen mit Blumen in den Händen, die die Kujbyšau-Straße entlanggingen. Ich bin zu ihnen gelaufen, um sie zu fragen. (Jetzt, wenn das Internet abgeschaltet ist, empfinde ich diese weißen Bänder, Symbole, Geheimzeichen als natürliches „Bluetooth", das hilft, „unsere Leute" sofort zu bemerken.) Die Mädchen erzählten uns, dass die Polizei die Demonstrantinnen vertrieben hatte, aber sie würden möglichlicherweise zurückkommen.

Wir gingen zum Kaufhaus CUM, wo die Leute eine Solidaritätskette gebildet hatten. Und da tauchten wir ein in eine richtig schöne Demo, Blumen, Winken, Victory-Zeichen, hupende Autos, und es ging in Richtung Čaliuskincau Park.

Wir verließen den Zug beim Buchladen „Academkhiha", aber in der Surhanava Straße schlossen wir uns einer anderen, neuen, großen Frauendemo an. Auch diese Frauen liefen in Richtung Niezalieżnasci-Allee. Ein Mädchen gab mir von ihren Blumen. Es war so schön, so ermutigend! Als die

Frauen erfuhren, dass etwas weiter, am Jakub-Kolas-Platz, Gefängniswagen standen, fing die Diskussion an, weitergehen oder nicht, und die Mehrheit entschied sich, weiterzumachen. Die Polizei würde uns schließlich nicht alle verhaften können, hieß es. Also blieb es bei der Route geradeaus. Am CUM-Kaufhaus traf die Frauendemo auf die Solidaritätskette, großes Hallo, junge Männer boten Wasser an und selbstgemachte Brote …

Aber in der Nacht sieht das alles anders aus.

14. August

Nicht vergeben und nicht vergessen. NIEMALS!

Ich sage das als jemand,

die eine weiße Rose über dem Kopf gehalten und den hupenden Autos am Jakub-Kolas-Platz zugewinkt hat,

die die Metro-Arbeiter an der Station „Kastry
nickaja" mit Klatschen begrüßt hat,

die mit einem politischen Plakat in der Hand für ein Foto posiert und an der Philharmonie ein Eis gegessen hat,

die mit einer weiß-rot-weißen Demo zum Niezaliežnasci-Platz marschiert ist.

Bei all der Freude und dem Gefühl von Freiheit vergiss nicht, dass es sich um ein Spiel handeln könnte, um den Köder, um die Süßigkeit, die ein böser Mann einem arglosen Kind hinhält. Ein böser Mann will uns in sein cooles Auto setzen und uns seine schönen Folterkammern zeigen.

Weil mehr als fünf (?) Tausend unschuldige Menschen, die womöglich in genau diesem Augenblick geschlagen und gefoltert werden, immer noch inhaftiert sind,

weil Lukaschenko wieder als Präsidenten ausgerufen wurde (heute wurden die offiziellen Zahlen bekanntgegeben!!!),

weil keiner der hochrangigen oder niederen Militär- oder Polizeibeamten entlassen oder bestraft wurde,

weil europäische Vertreter ohne Angabe von Gründen nicht nach Belarus einreisen dürfen,

weil nicht eine einzige Forderung der Arbeiterkollektive erfüllt wurde,

müssen wir WACHSAM bleiben.

Keinem von ihnen kann man glauben. Sorry, aber ich glaube nicht einmal Paviel Latuška[*] (ich erinnere mich, wie wir im Jahr 2001 voller Hoffnung waren., weil er Belarusisch sprach).

Sie haben uns 26 Jahre lang belogen und an der Nase herumgeführt. Und jetzt können wir ihnen erst recht nicht mehr glauben. Ein böser Mann sitzt in seinem Auto, beobachtet uns und wartet auf den richtigen Moment.

16. August

Seit den Wahlen hat sich vieles verändert. Und die Wahrnehmung von Zeit gehört dazu. All die Jahre ging die offizielle Version so: Wir haben weder eine jüngere Vergangenheit (unsere Vergangenheit endet irgendwo im Jahr 1994, als L. an die Macht kam) noch eine Zukunft, wir haben in einer prosperierenden und stabilen Zeitlosigkeit gelebt. Innovation und Entwicklung standen nie auf der Agenda des Regimes, Jahr um Jahr verging in „Stabilität".

Aber die kaputte Uhr unserer Geschichte ist durch Blendgranaten durchgerüttelt worden. Jetzt ist ihr Ticken ohrenbetäubend und atemberaubend. Ich habe noch nie in meinem Leben so lange Tage voller Angst und Hoffnung durchlebt. Obwohl erst eine Woche seit den Wahlen vergangen ist, kommt es mir vor wie ein Monat voller gespenstischer Ereignisse (oder war es ein halbes Jahr?). Und ich war noch nie zuvor auf einer so gigantischen Achterbahn der Gefühle. Gewinnen wir? Scheitern wir? Werden wir alle im Gefängnis enden, werden wir erschossen, oder werden wir in ein paar Tagen Demokratie und Freiheit feiern?

***

Gestern wurde Aliaksandr Tarajkouski beerdigt. Zuerst hatte seine Familie alle zur Trauerfeier eingeladen, aber dann wurde beschlossen, sie nur für eine begrenzte Öffentlichkeit zu veranstalten. Wir sind stattdessen alle zur Metrostation Puschkinskaja gegangen, dem Ort, wo er von der Polizei getötet worden war. Er wurde zu einer improvisierte Gedenkstätte: Blumen, in den Zaun gesteckt, Plakate wie „Du hättest am Leben bleiben müssen", Fahnen und Bänder und Luftballons … Wir trauerten um ihn und um Aliaksandr Vichor, der nach Schlägen und Folterungen durch die Polizei in Homiel starb. Aber dann war es auch so ergreifend, dort auf den sonnenbeschienenen Hügeln der Puschkin-Allee zusammen mit den anderen zu sein. Es fällt mir schwer, das zuzugeben, aber ich empfand ihren Tod als ein Opfer für unsere Freiheit. Würden diese Toten ausreichen, damit der Diktator und seine Komplizen verschwinden, oder wird es noch weitere geben?

Später brachten uns Ihar und Ania mit dem Auto zu der Aktion „Die Kunst des Regimes" vor dem Kunstpalast in der Kazlova-Straße. Dutzende von Künstlern protestierten gegen die gefälschten Wahlen und die Staatsbrutalität. Sie hielten Fotos von Leuten, die auf den Straßen und in den Haftanstalten geschlagen und gefoltert worden waren. Blutige Gesichter, blaue und rote Blutergüsse an Beinen und Armen, eingegipste Gliedmaßen, bandagierte Köpfe, geschwollene Augen voller Schrecken ... Die Künstler standen in einer Reihe vor dem Palast, Vorbeifahrende hupten und grüßten.

Und heute kam es zur größten Protestaktion in der Geschichte von Belarus. Es heißt, allein in Minsk hätten sich dreihunderttausend Menschen versammelt, um ihre Entrüstung über die Wahlfälschungen, über Folter, Verhaftungen und Morde zu zeigen ...

Als Treffpunkt hatte man die Stele ausgewählt. Und da es ganz in der Nähe von unserer Wohnung ist, gehen wir zu Fuß. Wir haben uns nicht weiter vorbereitet, nur eine Flasche Wasser, denn der Tag soll sehr heiß werden. Als wir in die Pieramožcau-Allee einbiegen, sehen wir plötzlich eine Menge von tausend Leuten, die aus dem Viertel Viasnianka kommen. Klar, wohin sie alle wollen, wir schließen uns an. Zuerst gibt es fast keine Fahnen, keine Sprechchöre, die Leute marschieren einfach zusammen. Aber je näher wir dem Platz kommen, je größer unsere Marschkolonne wird, desto lockerer und aufgeregter werden wir alle, denn Polizei ist nicht zu sehen. Und dann ruft plötzlich jemand an der Spitze des Zuges „*Žyvie Bielarus!*“, und das Echo erschallt „*Žyvie!*“, mit weiß-rot-weißen Fahnen über unseren Köpfen.

Schon von weitem sehen wir, dass die Gegend um die Stele herum nicht mehr grün ist, sondern die Farben unserer Revolution zeigt. Es ist unglaublich, wie viele Menschen da sind! Wie viele die Unmenschlichkeit dieses Staates nicht mehr hinnehmen wollen, wie viele jetzt bereit sind für Veränderungen im Land. Wir lächeln den anderen um uns herum zu, wir lächeln uns an, wann war ich das letzte Mal so glücklich und so aufgeregt? Vielleicht als wir angefangen haben, uns zu verabreden?

Wie zu erwarten, strahlt die Sonne heute über uns. Es ist kein Programm geplant, keine Reden vor den Hunderttausenden von Menschen. Nein, wir sind hier auf uns gestellt, wir selbst müssen entscheiden, was wir tun. Wir laufen herum, wir sitzen, wir singen, wir machen Fotos, Selfies wie viele Demonstranten um uns herum, die nicht minder froh und überrascht sind, so viele Gleichgesinnte zu sehen.

Nach einigen Stunden an der Stele beschließt der kollektive Kopf der Demo, zum Niezaliežnasci-Platz zu ziehen. Und wir laufen und laufen. Und das Seltsamste ist, dass es keine Polizei gibt, es ist, als hätten sie sich versteckt oder als gäbe es sie gar nicht. „Die Stadt gehört uns!“, rufen wir. Vom Niezaležnasci-Platz kehren wir zu Fuß nach Hause zurück.

Auf dem Sofa abends ist mein Hals wund vom Singen und Rufen, und die Beine tun mir weh, aber ich spüre ein Gefühl von Glück, Freiheit und Unwirklichkeit angesichts dessen, was geschehen ist. All diese Menschen auf den beiden Seiten der Pieramožcau-Allee, auf den grünen Rasenflächen – es ist verboten, sie zu betreten oder dort zu sitzen, obwohl niemand weiß, warum. All diese Hunderte von kleinen und großen Fahnen in der Luft, sogar die Mutter-Heimat-Statue, dieses Heiligtum des Regimes, ist von der weiß-rot-weißen Flagge verhüllt. Maria Kolesnikowa spricht auf den Stufen des KGB-Gebäudes und verlangt, dass alle politisch Verhafteten sofort freigelassen werden. Haben wir all das mit eigenen Augen gesehen …?

Ich bin so aufgekratzt, ich möchte so gern glauben, dass wir bald in einem freien Land leben werden. Oder bin ich wieder auf der Achterbahn der Gefühle unterwegs?

II.

1. Oktober

Ich laufe die Niezaležnasci-Allee in Minsk entlang und schreie so laut ich kann: „U-ha-di!“ – „Verschwinde!“. Du, mein Mann, an meiner Seite, genauso wie Tausende Männer und Frauen jeden Alters und jeden Berufs. Flaggen und Sprechchöre, die Hände hoch austreckt, die Stimmen dröhnend und energisch. „Wir glauben daran, wir schaffen es, wir werden gewinnen!“ rufen wir und: „Lukaschenko, ab in den Polizeitransporter!“ und: „Die Stadt gehört uns!“ Da laufen wir, alle zusammen, wie ein großer, bunter Körper, der seine weiß-rot-weißen Flügel hebt und sich geschmeidig von einer Straße in die nächste bewegt und so die Militärkonvois umgeht.

Als Teil dieses Körpers fühle ich mich in der Masse sicher. Ich habe nie gehört, dass es unter den Demonstranten einen Taschendiebstahl gegeben hätte oder irgendeine Form von Gewalt. Die Leute verteilen Wasser an heißen Tagen, und sie geben Essen aus. Es passiert aber schnell, dass man auf dem Weg zur Demo oder danach von der Polizei abgegriffen wird, wenn der Protest-Körper dünner ist. Aber mittendrin rühren uns die maskierten Männer nicht an.

Damals im August, während der ersten Tage nach der Wahl, liefen die Leute wie selbstverständlich mit den Flaggen um die Schulter durch die Straßen oder hielten sie hoch über den Köpfen. Dann beschloss die Regierung, diesen Überschuss an Demokratie zu beseitigen.

Jeder Sonntag beginnt mit den Nachrichten von Dutzenden Militärtransportern voller Einsatzpolizei zur Aufstandsbekämpfung, mit Wasserwerfern und speziellen Sturmsperranlagen auf dem Weg von den Vororten in die Stadt. Sowjetische Denkmäler und die wichtigsten Plätze werden von Soldaten verteidigt und sind mit Stacheldraht umzäunt. Shopping Malls im Zentrum und Metrostationen (am vergangenen Sonntag 13 von 29) sind „aus Sicherheitsgründen“ geschlossen, Straßen abgesperrt, der öffentliche Nahverkehr unterbrochen. Der Mobilfunk ist abgestellt. Das Zentrum der Stadt ist paralysiert.

Ein junger Ausländer, der all das mitbekam, fragte mich: „Und die Wirtschaft?“ Also um die Wirtschaft, antwortete ich ihm, schert sich die Regierung einen Dreck. Vor allem geht es um eines: uns davon abzuhalten, das Wort zu ergreifen und uns frei zu versammeln.

Wenn wir das Haus verlassen, haben wir uns darauf vorbereitet. Vor allem ziehe ich mich mit Bedacht an; es kann ja sein, dass man eine Nacht oder zwei in einer Haftanstalt verbringen muss. Zweitens: Ich geben meinen Dutzenden von Pflanzen reichlich Wasser. Drittens: Unsere Katze bekommt Fressen für einige Tage. (Eine meiner Freundinnen meint, ihre Katze wäre durch all die Sonntagsdemos fett geworden.) Viertens: Wir stecken den Pass und Wasserflaschen ein. Dann ist es noch wichtig, den Handyspeicher so weit wie möglich zu löschen; in den Haftanstalten werden die Telefone überprüft. Und los – unsere kleine Familienbrigade geht raus auf die Straße, hinaus ins Unbekannte.

Als Alexander Lukaschenko 1994 an die Macht kam, war ich zwölf und lebte mit meiner Familie auf einem Dorf im Südosten von Belarus. Meine Eltern gehörten zu denen, die ihn gewählt hatten; die meisten im Dorf hatten ihn gewählt, er wirkte wie einer von ihnen, wie ein Kolchosenchef.

Vielleicht sollte ich hier beichten, dass ich als Kind von Lukaschenkos Charisma fasziniert war – wenn er im Fernsehen auftrat, mit Ministern und anderen wichtigen Leuten redete, wirkte er immer so selbstsicher, so streng und schroff. Meine kleine Schwester und ich saßen vor dem Fernseher, und wir hätten uns stundenlang anhören können, wie er seine Beamten öffentlich ermahnte. Als ich dann älter wurde, kam bei mir der Verdacht auf, dass irgendetwas mit meinem Land nicht stimmte. Zu meiner ersten Oppositionsdemo bin ich im Jahr 2000 gegangen, kurz nachdem ich nach Minsk gezogen war, um zu studieren.

Einige Tage vor den August-Wahlen hatte mich der Schrecken gepackt angesichts der Unwägbarkeit dessen, was da auf uns zu kam. Ich wollte ein Gedicht schreiben, aber auf Belarusisch fand ich nicht die richtigen Worte. Und so schrieb ich mein erstes Gedicht auf Englisch, *My European Poem.* Ich versuchte, meine Furcht in Worte zu fassen und in einer fremden Sprache die Hoffnung zu finden, die mir in meiner eigenen Sprache fehlte. Einige Ausschnitte aus dem Gedicht:

Shall I get used to the thought
That I could be taken to prison
By the men wearing black,
By the men in plain clothes,
By the men with four fat letters
On their fat black backs?
Otherwise, my country
Won't gain any freedom.
And it could not work anyways,
As usual.

Als ich das Gedicht schrieb, hatte ich Angst bei dem Gedanken, dass ich von der Bereitschaftspolizei gefasst werden könnte. Mittlerweile werden täglich Freunde von mir verhaftet – Journalistinnen, Fotografen, Dichterinnen, Tänzer, Gelehrte, Lehrer, Ärztinnen, Historiker, Künstlerinnen, viele der klügsten Menschen, die ich kenne, und ich habe ich mich an den Gedanken gewöhnt, ich könnte selbst dabei sein.

Manchmal schäme ich mich sogar ein bisschen, dass ich noch nie in einem Gefängnistransporter gesessen habe. Meine einzige Erfahrung in der Hinsicht war, dass ich vor vermummten Polizisten davongerannt bin, als wir zu früh zu einem Treffpunkt kamen. Damals standen auf beiden Seiten der Niezaležnasci-Allee nur Tausend Leute. Wir warteten alle auf die anderen, als plötzlich fünf olivfarbene Gefängniswagen auftauchten, gefolgt von mehreren Kleinbussen hintereinander, die die Leute auf der anderen Straßenseite verdeckten. Die schwarz gekleideten Gestalten mit ihren Sturmhauben standen in scharfem Kontrast zu den Protestierenden, meist Frauen in hellen Sachen. Die OMON begannen, Menschen aus der Menge herauszugreifen, die sich mit dem Rücken an die Wand des Kasinos hinter ihnen drängte.

Die Demonstranten auf unserer Seite der Straße schrien: Faschisten! Faschisten! Und als sie sich genug gegriffen hatten, drehten die Gefangenentransporter in unsere Richtung und wir rannten wie Kinder durch die Innenhöfe der alten Häuser und schafften es schließlich, in einem riesigen Zug von Leuten zu entkommen.

Wenn sie dir die Wählerstimme wegnehmen, setz deine Stimme ein. Das ist das wichtigste Instrument unseres Protestes. Es geht nicht nur um Sprechchöre bei den Demos. Ein laut vorgelesenes Gedicht oder ein Lied, gesungen im öffentlichen Raum, werden zu Waffen der Revolution.

Mein Freund Uladz, der Dichter und Musiker, wurde im September bei Protesten gegen die Verhaftung der Oppositionsführerin Maria Kolesnikowa aufgegriffen. Es gibt ein berühmtes Foto, das einige Minuten vor seiner Verhaftung aufgenommen wurde: Er und andere Männer werden von einer Phalanx von Frauen abgeschirmt, die gleichzeitig verängstigt und kämpferisch wirken, während ein Milizionär zusieht. Gemeinsam sangen sie dieses tieftraurige Volkslied *Kupalinka*[*].

Bei seiner Verhandlung drei Tage später wurde Uladz gefragt, warum er gesungen habe. Er antwortete: „Wenn man singt, hat man keine Angst." Er wurde zu sechs Tagen Gefängnis verurteilt.

Kurz nach den Wahlen trat ein Chor – er nannte sich später „Freier Chor" – auf die Stufen der Belarusischen Staatlichen Philharmonie in Minsk und sang Volkslieder und alte patriotische Stücke, um gegen die Gewalt der Regierung zu demonstrieren. Etwa hundert Menschen kamen, hörten ihnen unter freiem Himmel zu und sangen mit. An einem dieser Tage wurde ich eingeladen, mein Gedicht *Der Angststein* vor dem Chor zu lesen. Kein Mikrofon, nur meine Stimme, um mich an die Leute zu wenden. Ich schaffte es noch, die Lesung zu Ende zu bringen, aber während des Lieds, das danach kam – *Mahutny Boža* („Mächtiger Herrgott"), eine inoffizielle Hymne Belarus' – schritt die Polizei ein, um die Menge zu vertreiben. Die Sängerinnen und Sänger stiegen langsam die Stufen der Philharmonie hinunter, aber sie hörten nicht auf zu singen, bis zum Ende der Hymne.

Als es zu unsicher wurde, sich vor der Philharmonie zu treffen, verlegte der Chor seine Auftritte an wechselnde öffentliche Orte: in Einkaufszentren, an den Bahnhof, in die U-Bahn. Der Ort wird vorher nicht bekannt gegeben; zwei Lieder und dann weg. „Sei wie das Wasser!" – auch so ein Slogan unserer Proteste, der gleiche wie bei den Protesten in Hongkong, deren Taktik auch für uns von Nutzen sein könnte.

Studentinnen und Studenten sind die aktivsten im Protest, und Singen ist auch ihre Waffe. Die Staatsmacht reagiert mit Schlägen und Verhaftungen. Ein Lied ist eine gefährliche Waffe gegen die, die Kultur und Kunst hassen. Es gibt keine Kultur und keine Kunst ohne die Freiheit des Gedankens und die Freiheit der Rede.

Noch vor sechs Monaten waren meine ausländischen Freunde schockiert, wenn ich sagte, ich hätte keine Hoffnung für mein Land. Die Stabilität, auf die Alexander Lukaschenko so stolz war, war erstickend; sie ließ keinen Raum für Neues, Kreatives oder Interessantes.

Jetzt bin ich sicher, dass wir auf dem richtigen Weg sind. Wandel scheint möglich. Die Machthaber versuchen, uns mit ihren Militärlastwagen und ihrer Brutalität einzuschüchtern.

Aber man merkt, dass sie es sind, die am meisten Angst haben. Sie haben Angst vor den Fahnen in den Fenstern der Wohnblocks, vor den weiß-rot-weißen Bändern, vor den Graffitis. Sie schicken die Miliz, um all das zu beseitigen. Sie haben Angst vor den Liedern, sie haben Angst vor dem Lächeln. Wenn sich die Leute treffen und mit ihren Nachbarn ein Fest feiern, schicken sie die Polizei, um sie auseinanderzutreiben. Sie haben Angst vor dem Theater. Das Nationaltheater Janka Kupala, das älteste in Belarus, wurde geschlossen und sein Direktor entlassen, als er die Gewalt des Staates brandmarkte. Die meisten Schauspieler kündigten aus Solidarität mit ihm. Am Drama Theater in Hrodna wurden alle Vorstellungen gestrichen und Schauspieler entlassen, weil sie an einem Sonntag nicht mehr spielten, nachdem Kollegen, die an den Protesten teilnahmen, verhaftet worden waren.

Angesichts von Verhaftungen, Schlägen, Entführungen und Folter – undenkbar in demokratischen Ländern – fragen wir uns manchmal, ob all dieser Kampf es wert ist. Aber wenn wir versuchen, uns vorzustellen, was uns erwartet, falls wir aufgeben, dann wird klar, dass es keinen Weg zurück gibt. Für die vom Staat begangenen Verbrechen kann es kein Pardon geben. Falls wir beiseitetreten, wird es mehr Verbrechen geben. In den Monaten seit der Wahl haben wir unsere Indifferenz der Zukunft gegenüber besiegt – und gegenüber uns selbst.

4. Oktober

Wieder Sonntag. Auf *Telegram* sehe ich eine reguläre „Parade" des Militärs, die morgens auf den Hauptstraßen von Minsk abgehalten wird, während du das Frühstück vorbereitest. Militärfahrzeuge schieben sich von einem Video zum anderen, aufgenommen aus immer anderen Winkeln, an verschiedenen Ecken der Stadt, begleitet von aufgeregten Kommentaren der Leute, die das mit ihren Smartphone aufnehmen: „Schau, hier diese Wasserwerfer und die verschiebbaren Schutzwände …". Die Namen und ihren Zweck kennen wir jetzt, wir haben sie jetzt von Angesicht zu Angesicht erlebt. Wenn ich sie auf dem kleinen Bildschirm sehe, läuft mir ein

Schauer über den Rücken. Aber plötzlich rieche ich die Spiegeleier und den Kaffee aus der Küche. Eier zum Frühstück, besonders sonntags, geben mir immer ein Gefühl von Sicherheit und Kraft, das mir sonst fehlt. Ich glaube, man sollte sich an die kleinen Dinge halten, die unser Leben normal machen: das Lieblingsessen, ein Hobby, das einen ablenken kann, Freunde, denen man nichts erklären muss.

Du fühlst dich heute nicht so gut, Kopf und Glieder tun weh, aber kein Fieber. Die Zahl der Covid-19-Fälle steigt, selbst nach den offiziellen Statistiken, denen man kaum trauen kann. Es werden keine Maßnahmen ergriffen, um die Ausbreitung im Land zu verhindern: Nicht einmal Masken sind Pflicht. Wir hoffen, dass du kein Corona hast. Wir frühstücken schweigend, tauschen nur ein paar Worte aus, die eines deutlich machen: Du willst nicht, dass wir zur üblichen Sonntagsdemo gehen und weißt nicht, wie du mich überzeugen sollst, zu Hause zu bleiben.

Die Kundgebungen sollen immer um vierzehn Uhr beginnen. Aber es gilt als allgemein anerkannte Weisheit, dass man besser nicht vor halb drei zu den Treffpunkten kommt. Die Gefahr, ergriffen zu werden, bevor sich eine große Menge versammelt hat, ist groß. Ich setze mich an meine Arbeit, verliere aber alle fünf Minuten jede Konzentration, weil ich die Nachrichten checke.

Die *Telegram*-App ist für uns zur wichtigsten Informationsquelle geworden. Sie ist schnell, sicher und bekannt. In den ersten Tagen nach den Wahlen war fast das gesamte Internet abgeschaltet – die unabhängigen belarusischen Nachrichtenseiten, ausländische Medien, *Facebook*, *Twitter*. Nur prostaatliche Nachrichten-Webseiten waren online verfügbar und zeigten die glücklichen, gelassenen Gesichter der Machthaber. In dieser Zeit erwies sich *Telegram* als unsere Rettung. In jenen Tagen lernten die meisten Belarusen und Belarusinnen, wie man Proxy-Server und VPN benutzt, um die staatliche Zensur zu umgehen.

Ich erinnere mich wieder, wie wir in der Nacht des 9. August in unserer kleinen Küche saßen, nachdem wir von dem Wahllokal in der Schule in unserem Viertel zurückgekehrt waren. Dass wir zusammen mit Hunderten anderer dort auf die Bekanntgabe der Ergebnisse gewartet hatten. Und die Wahlhelfer flohen unter dem Schutz der Polizei. Am Ende hatten wir Glück: Viele andere, die vor ihren Wahllokalen an den Schulen auf die Wahlergebnisse warteten, wurden von OMON festgenommen.

In der Dunkelheit vor unserem Küchenfenster blitzte es rot und rosa auf, und aus der Ferne rollte das erschreckende Grollen von Granaten heran. Mit dem Handy in der Hand schob ich den Vorhang beiseite und öffnete das Fenster, um die Luft zu hören, zu sehen und zu riechen. Die Internetverbindung war trotz Proxy zu langsam, ich konnte mir die Bilder oder Videos, die von Journalisten oder Augenzeugen geschickt wurden, nicht ansehen, und selbst wenn ich gekonnt hätte, ich hätte es nicht gewagt, sie waren zu deprimierend. Ich las dir die kurzen Nachrichten aus dem *NEXTA*-Live-Feed laut vor, wie ein langes, furchterregendes Gedicht, jede SMS wie eine eigene Strophe:

23:07 [Video] Heftige Zusammenstöße mit OMON im Zentrum von Minsk. Menschen in der Menge versuchen sich zu wehren.

23:07 [Video] Explosionen, Hilfeschreie, gewaltsame Zusammenstöße, irre gewalttätig.

23:07 Die Liste der Nachtapotheken in Minsk:
Kirava, 3
Taškenckaja, 16/1-3n
Majakouskaha, 15 Gebäude 2N
Partyzanski, 62
<…>

23:08 !! Ein Gefangenentransporter rast in die Menge der Protestierenden in der Niamiha-Straße. Es könnte Verletzte geben.

23:08 [Video] In Slonim kommt es zu massiven Zusammenstößen mit der Polizei.

23:09 [Weitergeleitet von Euroradio]. Minsk. Ein Gefangenentransporter ist in die protestierende Menge gefahren. Der Korrespondent von Euroradio berichtet, der Fahrer des Transporters habe offenbar die Absicht gehabt, die Menschen zu ängstigen und sei mit hoher Geschwindigkeit auf sie zugefahren.

Einer der Demonstranten sprang auf die Stoßstange des Transporters. Der Transporter begann nach links und rechts zu drehen. Der Mann geriet unter den Wagen und wurde fast überrollt.

23:10 Auch in der Stadt Kobryn Demonstrationen, sehr wenig Polizei, vielleicht 15 Polizisten für die ganze Stadt.

23:11 [Video] Blendgranaten. Die Zusammenstöße in der Stadt Hrodna gehen weiter.

Es war die erste dieser furchtbaren Nächte mit den vielen Verletzten, Verprügelten und Festgenommenen unter friedlichen Demonstranten.

23:12 Überall gehen Menschen auf die Straße. In mindestens zehn Städten kommt es zu Zusammenstößen mit der Polizei.

Heute ist der 57. Tag der Proteste, ein Sonntag im Oktober, 14.20 Uhr. Wenn wir gehen wollen, dann ist es höchste Zeit aufzubrechen. Das Internet ist bereits abgeschaltet, die Metrostationen im Zentrum sind dicht. Wir haben kein Auto, also nehmen wir sonntags meist einen Trolleybus oder den Bus, der seine Route ändert, wenn die Straße an unserem Haus gesperrt ist. Von der Haltestelle laufen wir dann dreihundert Meter, und wir sind am Treffpunkt der Demonstranten. Aber heute sagen Ania und Ihar, die aktiv bei den Protesten dabei sind, sie wollten uns zum Treffpunkt bringen, damit wir so zusammenbleiben können. Ihar fährt, ansonsten wird er sich uns heute nicht anschließen können, denn die ganze Anspannung der letzten Monate hat bei ihm zu Problemen an einem Auge geführt. Morgen soll er operiert werden, also muss er vorsichtig sein.

Als wir uns zu dritt in einen der schmalen Menschenpulks einreihen und zum Treffpunkt kommen, sind nicht so viele Demonstranten da, ein paar Tausend vielleicht. Wir wissen, dass mehrere Tausend andere einen Kilometer entfernt, in der Nähe der Niamiha-Straße, von der Polizei blockiert werden. Bevor wir loszogen, haben wir von den Verhaftungen in der Nähe der Niamiha gelesen und werden etwas nervös, als wir die Transporter und Gefängniswagen in unsere Richtung fahren sehen.

Die Stele, der sogenannte Obelisk der Heldenstadt Minsk, von wo aus die Demonstrationen in der Regel starten, ist das heilige Heiligtum des Regimes. Das Denkmal ist dem Sieg des sowjetischen Volkes im Zweiten Weltkrieg gewidmet, laut Lukaschenko dem allerheiligsten Feiertag überhaupt. Und heute ist es wie jeden Sonntag seit August traditionell mit Stacheldraht geschmückt. Vor dem Hintergrund des hohen Denkmals sehen die einzelnen Figuren der Militärs aus wie eine menschliche Girlande, die dort von verrückten Fingern drapiert wurde.

Im Sommer waren die Farben der Demos weiß und rot. Das Oktoberwetter hat die Farbpalette verändert. Die Farben sind dunkler geworden, gesprenkelt mit hellen Regenschirmen und bunten Jacken. „Kommt runter! Kommt auf die Straße!" – rufen die Demonstranten den Neuankömmlingen auf den Anhöhen längs der Straße zu. „Kommt runter!" Das würde die Straße für die Militärwagen blockieren. Zögernd beginnen wir hinunterzusteigen. Und als wir fast unten sind, bemerken wir ein blaues Gefährt, das schnell in Richtung der Menge fährt. Es ist ein Wasserwerfer. Wir rennen davor weg wie alle um uns herum und laufen wieder die Hügel hinauf. Zu dritt halten wir uns an den Händen, damit wir uns in Momenten von Panik nicht aus den Augen verlieren. Die Wasserkanone wirft ihre Dusche an. Diesmal scheint das Wasser sauber zu sein; sie haben die Leute schon mal mit Wasser besprüht, das mit einer orangefarbenen Substanz versetzt war. Die chemische Zusammensetzung wird von den Behörden immer noch geheim gehalten, aber im Internet las ich, wie man die rostigen Flecken loswerden kann. Plötzlich springt jemand schnell auf die Seite der Kanone, öffnet einen Kasten, nimmt etwas heraus, und das Wasser, das eigentlich in alle Richtungen gehen sollte, wird zur Fontäne, die aus dem Kopf des Blauwals tritt.

Aber wir haben keine Zeit zum Lachen. Eine Hundertschaft von „Kosmonauten", wie wir sie wegen ihrer Helme und Uniformen nennen, rennt mit Schilden und Schlagstöcken in den Händen schnell über die Straße und die Anhöhen hinauf. Dort formieren sie sich und lassen keinen Zweifel, dass sie bereit sind anzugreifen, uns, friedliche Demonstranten. Wir sind immer noch eine eher kleine Gruppe, die auf Neuankömmlinge wartet, aber um Prügel und Festnahmen zu entgehen, beschließen wir jetzt, schnell zu verschwinden, und schauen ständig zurück, ob sie uns verfolgen.

Die heutige Demonstration heißt „Kundgebung für die Freilassung der politischen Gefangenen". Im Moment sind 74 im Gefängnis. Insgesamt wurden seit August mehr als 12.000 Menschen entführt, geschlagen, verhaftet. Lautstark steuern wir auf die Akrescina* zu, die berüchtigte Haftanstalt im Westen von Minsk. In den drei Augustnächten nach den Wahlen wurden der Hof und die Zellen hier zu Folterkammern. Tausende wurden hier grausam verprügelt.

Das Ausmaß der Brutalität war für alle ein Schock. Es kam ans Licht, als die ersten Leute aus der Akrescina und anderen Haftanstalten in ganz Belarus entlassen wurden. Wir sahen gebrochene Arme und Beine, blutüberströmte Gesichter, schreckliche Blutergüsse über den ganzen Körper verteilt. Wir hörten furchtbare Geschichten, voller Angst und Schrecken. Ich konnte mit niemandem darüber sprechen; mir versagte die Sprache.

Ist es denn möglich, dass ein Mensch einem anderen Menschen so etwas antun kann? Ist es denn möglich, dass ein Mensch einem anderen Menschen so etwas ohne Grund antut? Ist es denn möglich, dass ein Mensch einem anderen

Menschen so etwas ohne irgendeinen Grund hier in Belarus antut, in dem Land, in dem wir seit unserer Kindheit die Geschichten von Folter und Nazis gelesen haben? Wie ist das möglich? Vielleicht sind diese Folterer und Schlächter keine Belarusen? Kommen sie womöglich aus einem anderen Land? Kommen sie womöglich von einem anderen Planeten? Kosmonauten aus dem All, wo es kein Mitgefühl gibt, wo es vielleicht Befriedigung bringt, unbewaffneten Menschen schreckliche Schmerzen zuzufügen. Wer sind sie? Wir kennen die Antwort immer noch nicht. Kein einziger Polizist wurde für das, was er getan hat, bestraft, kein einziges Strafverfahren wurde eröffnet. Im Gegenteil, die Opfer, die versuchen, ihre Folterer vor Gericht zu bringen, werden strafrechtlich verfolgt, weil sie es wagen, Gerechtigkeit zu verlangen. Jeder kann beschuldigt werden, an einer nicht genehmigten Veranstaltung teilgenommen zu haben, und dafür bestraft werden.

Ende August erklärte Lukaschenko, dass sechzig Prozent der blauen Flecken *Fake* seien. Der Freund meines Bruders wurde nach der Wahl plötzlich vermisst, einige Zeit später hat man ihn im Krankenhaus gefunden. Er hatte schwere Verletzungen an den inneren Organen davongetragen und gebrochene Gesichtsknochen. Er brauchte eine Operation, die er in Belarus nicht bekommen konnte, also musste er das Land heimlich verlassen und im Ausland Hilfe suchen. Das ist kein *Fake*; niemand, der die Tore der Hölle von Akrescina verlassen hat, war *Fake*. Und wer wird die Verantwortung übernehmen, für die gebrochenen Knochen, Leben und Seelen?

Trotz der Sperrgitter und Wasserwerfer, die die Leute davon abhalten sollen, sich zu versammeln, sind wir hier auf der Puschkin-Allee, laufen mitten auf der Straße und rufen:

„Freiheit für die politischen Gefangenen!“ und „Schaut aus dem Fenster und nicht auf den Bildschirm“. (Auf Russisch klingt das kürzer.) Auf beiden Seiten der Allee stehen heruntergekommene Wohnblocks für Fabrikarbeiter. Es ist Sonntag, die meisten sind zu Hause und lugen aus den Fenstern. Einige stehen in Gruppen auf den breiten Balkonen, auf denen bunte Wäsche hinter den nackten Oberkörpern der Männer trocknet. Männer und Frauen, sie rauchen und diskutieren, und sie schauen auf die Leute unter ihnen, noch nie haben sie eine Demonstration von hunderttausend Teilnehmern aus solcher Nähe gesehen. Vor nicht allzu langer Zeit konnte man noch glauben, dass die Arbeiter einen beträchtlichen Teil von Lukaschenkos Wählerbasis ausmachen, aber jetzt, nach so vielen Fehlern der Machthaber, hat sich das geändert. In vielen Industriebetrieben in Minsk und anderen Städten versuchten sie im August zu streiken, forderten faire Neuwahlen und ein Ende der Gewalt. Bei den ersten Demonstrationen bildeten Arbeiter ihre eigenen Blocks und kamen mit ihren eigenen Fahnen, passend zur Fabrik. Ich erinnere mich, wie wir die Kürzel der belarusischen Industriegiganten skandierten: „MTZ!“, „Hrodna-Azot!“, „MZKT!“[*] Aber die Aktivsten unter den Arbeitern wurden eingeschüchtert oder entlassen. Ihre Bewegung ging in den Untergrund. Bewohner der Wohnblöcke zeigen den Demonstranten das Victory-Zeichen und feuern sie an. „Kommt runter! Schließt euch an!“, antworten die Demonstranten.

Immer noch spürt man die Karnevalsstimmung. Menschen aus den Siedlungen, an denen wir vorbeikommen, grüßen, winken mit Fahnen und Bändern. Einmal habe ich gesehen, wie eine dreiköpfige Familie sich allein zur Fahne formierte: die Tochter und der Sohn in weißen T-Shirts und die Mutter in Rot, lächelnd zwischen ihren Kindern. Heute haben wir drei ältere Frauen mit weiß-rot-weißen Stirnbändern gesehen, sie schwangen einen weißen Kissenbezug mit einer in der Mitte aufgemalten roten Linie und lachten wie die Frauen auf den Bildern der finnischen Künstlerin Inge Löök. Die Freude, die wir während dieser riesigen Demonstration spüren, gibt uns die Kraft, auch weite Strecken zu laufen.

Ich denke an deine Kopf- und Gliederschmerzen, auch wenn du glaubst, ich hätte sie vergessen. Ich fühle mich ein bisschen schuldig und beobachtet dich, um zu sehen, ob du dich besser fühlst, und an deinen Reaktionen merke ich, ja, das ist so. Inzwischen nähern wir uns dem Akrescina-Gefängnis. Durch die hohen Pappelbäume schaue ich zurück und sehe, dass die Zahl der Leute hinter uns plötzlich deutlich kleiner ist. Wo sind all die Tausend Menschen? Schließlich bleiben wir auf einer Grasfläche stehen, wenige Meter vor der weißen Mauer, die diesen hässlichen Ort von so viel Schmerz und Leid umschließt. Ich hoffe, dass Akrescina eines Tages zum Museum der Lukaschenko-Herrschaft wird, damit die Menschen nicht vergessen, was passieren kann, wenn man es so weit kommen lässt, einen Diktator zu tolerieren.

Wir bemerken, dass das Freiwilligencamp, das seit den ersten Protesttagen hier stand, ganz leer wirkt. Niemand in den Zelten, in denen die Freigelassenen medizinische, psychologische und juristische Hilfe bekommen konnten, wo sie essen, trinken, weinen und beten und telefonieren konnten, und von wo aus sie kostenlos nach Hause gefahren wurden. Die Freiwilligen forderten die Leute auf, nicht zu viel Lärm zu machen, weil die Folterer nur noch grausamer wurden, wenn sie von draußen die Stimmen hörten. Vielleicht wollten die Folterer sichergehen, dass sie nur die Schreie ihrer Opfer hörten. Könnte es sein, dass die Freiwilligen den Platz mit den Zelten wegen der Demonstration verlassen haben?

Wir drei fühlen uns unsicher hier, in einer Gruppe von vielleicht noch hundert Demonstranten. Man könnte uns überfallen. Wir rufen Ihar an, der jetzt zu Hause ist und eine Internetverbindung hat. Er berichtet, Gefangenentransporter seien auf dem Weg nach Akrescina. Was sollen wir überhaupt noch hier, vor der Mauer? Wir haben ja nicht vor, mit den Gefängniswärtern Kontakt aufzunehmen. Man spürt, dass etwas Unheimliches in der Luft liegt, wir drei beschließen, diesen Platz zu verlassen.

Noch immer marschieren Tausende mit Fahnen und Plakaten auf der breiten Allee, mein Bruder irgendwo dort in den ersten Reihen, ich rufe ihn an, die Stimmung ist fröhlich. Aber meine eigene frohgemute Laune ist dahin. Wir sollten lieber verschwinden.

Was ein belarusischer Demonstrant unbedingt beherrschen muss: zur Demo gelangen und sie auch wieder verlassen, ohne aufgegriffen zu werden. Wir entscheiden uns also, eine sichere Straße zu suchen und dann einen Bus nach Hause zu nehmen. Du nimmst deine Maske ab und legst Ania und mir nahe, das Gleiche zu tun. Der Trick macht uns vielleicht in den Augen der Sonderpolizei, die in Zivil das Gebiet auskundschaftet, weniger verdächtig. Ist doch nur eine Gruppe von Freunden, die am einem Sonntagabend in der Nachbarschaft spazieren gehen. Wir sehen mehrere Gruppen, die vor uns hergehen. Sie haben keine Fahnen dabei, aber der aufgekratzte Ton und die leuchtenden Augen der Leute sagen einem, dass auch sie auf der Demo waren.

Als wir in dieselbe Straße zurückkehren, über die wir vor kurzem in einer großen Menschenmenge gezogen sind, läuft der Verkehr wieder ganz normal: Busse, Trolleys und Autos fahren friedlich in beide Richtungen. Die Demonstration ist weiter gezogen. Aber nicht weit entfernt bemerken wir eine großen Block von Demonstranten, unterwegs vom Stadtzentrum Richtung Akrescina: Sie haben es geschafft, die Absperrungen zu überwinden, und versuchen noch, die Hauptgruppe einzuholen.

Wir beide beschließen, den Bus zu nehmen, während Ihar Ania mit dem Auto nach Hause bringen will, er ist schon unterwegs. Eine gute Idee, denn Ihar soll sich nicht mit Corona anstecken, falls du erkrankt sein solltest. Aber die Busse sind völlig überfüllt: all die Leute, die von der Demonstration nach Hause fahren wollen. Wir gehen zu Fuß bis zur nächsten Haltestelle.

Hinter den Bäumen bemerke ich einen Krankenwagen, der beim Lebensmittelladen parkt. Daneben steht ein Kosmonaut mit Helm. Krankenwagen werden oft von der Polizei benutzt, wenn sie nicht entdeckt werden will. Man muss immer auf den Fahrer achten: Wenn er eine schwarze Sturmhaube trägt, dürften die „Ärzte“ im Wagen deine Schmerzen nicht lindern, sondern dir neue zufügen. Ich gerate in Panik, wir kehren zur Haltestelle zurück, wo wir nun ungeduldig darauf warten, dass Ihar uns doch alle von hier wegbringt. Als er endlich kommt, ziehen wir in der Hoffnung, dass du kein Covid-19 hast, hastig unsere Masken über und springen in den Wagen. Zu Hause atmen wir tief durch und umarmen uns. Ein weiterer Protestsonntag ist vorbei, und wir sind immer noch frei.

6. Oktober

Heute Abend sind wir zu einer offenen Probe von *Tutejšyja* („Die Einheimischen") eingeladen, einem Stück des belarusischen Klassikers Janka Kupala*. Ehemalige Schauspieler und der Direktor des Janka-Kupala-Theaters („*Kupalaucy*", wie sie sich inzwischen nennen) haben es auf einer geheimen Underground-Bühne in Minsk inszeniert. Alles wird geheim gehalten, aus Angst vor einer Razzia der Sonderpolizei durften wir niemandem diese Einladung verraten. In den Pausen zwischen den Akten darf das Publikum nur in den Innenhof des alten Fabrikgebäudes hinaus. Nicht einmal ein Blick um die Ecke ist erlaubt. Die Eingeladenen rauchen, atmen die Nachtluft und unterhalten sich gedämpft, während nicht weit entfernt Güterzüge mit Hunderten voll beladener Waggons vorbeirattern.

Tutejšyja ist eine satirische Tragikomödie, die vor fast hundert Jahren geschrieben wurde; im Mittelpunkt steht die Geschichte des Wendehalses Mikita Znosak, der versucht, sich entweder der sowjetischen (russischen) oder der polnischen Obrigkeit anzupassen, die Minsk in den turbulenten Jahren 1918 – 1922 abwechselnd besetzt hält. Diese Position unseres Landes zwischen Osten und Westen war früher ein Fluch, aber gleichzeitig war sie entscheidend für die Herausbildung einer nationalen Identität. Blaue EU-Fahnen konnte man in den vergangenen Jahren bei den Kundgebungen der Opposition stets sehen. Jetzt aber nicht mehr. Und russische Fahnen sind in dem weiß-rot-weißen Meer kaum zu erkennen; sie werden ohnehin meist mitgebracht, um Unterstützung für die hartnäckigen Chabarowsker Demonstranten* im Süd-Osten Russlands zu zeigen.

Das Bühnenbild für das Stück ist sehr reduziert, das Ensemble hat auf seine gewohnten Mittel keinen Zugriff mehr. In vielen Szenen trugen die Schauspieler schwarze Sweatshirts – die bequemste Kleidung, die man in einer Haftanstalt tragen kann. (Während ich mir das Stück anschaue, überlege ich, ob ich mir nicht selbst ein Sweatshirt kaufen soll, auch wenn ich es nicht so mit Sport habe. Für alle Fälle.)

Nach dem Stück stehen die Schauspieler während des Vorhangs in einer Reihe und verschränken ihre Arme untereinander, so wie es Demonstranten normalerweise tun, wenn sie der Polizei gegenüberstehen, um nicht einzeln im Gefangenentransport zu landen. Und über ihren Köpfen ist ein Foto des Janka-Kupala-Theaters rot durchgestrichen. Ich kann meine Tränen nicht zurückhalten, als ich sehe, dass einige der Schauspieler weinen.

Auf dem Heimweg diskutieren wir beide über das Stück, und mir tut die Truppe leid, die ihre künstlerische Heimat verloren hat; aber es ist natürlich klar, dass das Theater eine staatliche Institution ist. Eine Institution, in der man Kompromisse eingehen muss. Ich bin sicher, dass sie das mussten. Und jetzt sind sie frei, zumindest von der Ideologie dieses Staates.

11. Oktober

Im Trolleybus, auf den wir aufgesprungen sind, spanne ich den Regenschirm auf. Es hat den ganzen Vormittag geregnet, und die Vorhersage meint es nicht gut mit uns. Deine Stimmung ist wieder gar nicht gut, weil du Kopfschmerzen hast, und eigentlich willst du nicht mit. Ich fühle mich ein bisschen schuldig und schaue weg. Eine Gruppe von Frauen am Fenster wirkt ziemlich nervös und angespannt, sie diskutieren über irgendetwas. Eine von ihnen taxiert uns mit dem Blick, unsere Blicke treffen sich, und ich merke sofort, wohin sie unterwegs sind und worüber sie sprechen. Ich berichte ihnen von den letzten Nachrichten, die wir zu Hause noch lesen konnten, als die Internetverbindung noch funktionierte: über Reizgas, Tränengas und Blendgranaten, die in der Nähe der Stele eingesetzt wurden. Sie berichten, was Freunde ihnen am Telefon erzählt haben. Aber wo ist jetzt der Treffpunkt, wohin sollen wir gehen? Plötzlich sehen wir eine ziemlich große Kolonne von Leuten, die vor dem Trolleybus die Straße überqueren, Fahnen auf den Schultern, Fahnen über ihren Köpfen. Also: an der nächsten Haltestelle aussteigen.

***

Wir sind die ganze Zeit in Alarmbereitschaft. Die Sonderpolizei scheint einen Plan zu haben: die Demonstranten von hinten verfolgen und sie auseinandertreiben, um so zu verhindern, dass separate Gruppen eine große Marschkolonne von hunderttausend Menschen bilden. Wir sind heute viel davongerannt, mit den anderen zusammen über nasses Gras und schlammige Wege an alten Einfamilienhäusern vorbei. Ein Gefühl wie in einem billigen Horrorstreifen oder einem schlechten Traum. Wir haben, so gut es ging, versucht, nicht hinunterzurutschen, und haben es geschafft.

Jetzt verstecken wir uns in der großen *Corona*-Mall. Im grellen Licht des Einkaufszentrums komme ich zu Atem und telefoniere mit meinen Bruder, um Neuigkeiten zu erfahren. Während des Gesprächs schaue ich mir die bunte Werbung mit riesigen, halbnackten Frauen an, die entspannt lächeln. Ihre Blicke laden uns ein, doch zu bleiben, hier, in diesem glänzenden, trockenen, sicheren Paradies, an Parfums zu schnuppern, eine Pizza zu bestellen oder doch wenigstens wieder trocken zu werden. Kein Interesse, wir durchqueren die Mall, gehen durch die Tür auf der anderen Seite wieder raus und finden uns wieder mitten in der riesigen Demonstration, die da entlangzieht. Das ist unser Plan fürs Wochenende.

***

Es regnet, und trotz des Regenschirms ist mein Rucksack nass. Da drin ist mein Fotoapparat, um den ich mir Sorgen mache. Normalerweise fotografiere ich viel bei den Kundgebungen, ich will den historischen Augenblick festhalten, wer weiß, vielleicht gibt es bald nicht mehr so viele Flaggen auf den Straßen. Aber seit Neustem vermeide ich es, Gesichter zu fotografieren. Für Instagram-Selfies bei solchen Demos können Leute zu 15 Tagen Gefängnis verurteilt werden. Also fotografiere ich so, dass man nur Fahnen und Demonstranten von hinten sieht. Aber heute ist es zu nass und auch zu unsicher, um meine alte Kamera herauszuholen. Ich mache nur ein paar unscharfe Aufnahmen mit dem Smartphone.

***

Wir laufen die Kalvaryjskajastraße auf der Fahrbahn entlang, als ich plötzlich irgendetwas spüre – etwas Bedrohliches liegt in der Luft. Wir sind genug marschiert, dir geht es schlecht, wir sind klatschnass, vielleicht ist es Zeit, nach Hause zu gehen? Vielleicht ist unsere Mission ja erfüllt … Und es ist nur eine halbe Stunde Fußmarsch bis nach Hause. Wir klettern über den Metallzaun, der die Straße in zwei Fahrbahnen teilt. Er ist ziemlich niedrig, man muss nur das Bein anheben, aber deine Jeans sind zu eng, sie könnten reißen. Beim Überqueren der Fahrbahn schaue ich zurück und sehe, wie die

Demonstranten plötzlich auseinanderrennen, weg von der Straße und tiefer in die Höfe hinein. Sie rennen vor den blauen Wasserwerfern und den Kosmonauten davon, die sie verfolgen, die uns verfolgen.

Wir rennen und rennen, rennen wie alle um uns herum: Junge und Alte, Frauen und Männer, Arbeiter und Studenten, Ärzte und Programmierer. Es spielt in diesem Moment keine Rolle, wer du bist, entscheidend ist, wie schnell du vor der Polizei wegrennen kannst, über die Spielplätze, über die Parkplätze, zwischen den Wohnblocks, deren Türen von barmherzigen Bewohnern offen gehalten werden, die die Fremden in ihre Wohnungen lassen. Auch eine kleine Wohnung kann zum Zufluchtsort für dreißig Leute werden. Aber du und ich, wir wollen uns jetzt nicht verstecken und wollen keinen Schutz, wir wollen nach Hause.

Als die Gefahr vorüber scheint und wir endlich nach Luft schnappen können, sehen wir hinter den Bäumen eine andere Gruppe von Demonstranten, die auf uns zu rennt, und schon wieder rennen auch wir.

Plötzlich bleibst du stehen und sagst, dein Kopf tue dermaßen weh, dass er zu platzen droht, wenn wir noch einen Meter weiterrennen. Also müssen wir uns irgendwo verstecken, und du schlägst vor, in einen Lebensmittelladen um die Ecke zu laufen. Wir gelangen schnell hinein, nehmen einen Einkaufskorb und bleiben in der Brotabteilung stehen, als wären wir normale Kunden. Tatsächlich kann jeder Kosmonaut sehen, dass wir keine gewöhnlichen Kunden sind. Denn erstens sind wir klatschnass, unsere Haare triefen vor Wasser, zweitens glühen unsere Gesichter vom Laufen, und drittens haben wir diesen wilden Blick, wie Tiere auf der Flucht vor dem Jäger.

Ich trockne mir Gesicht und Haare mit einer Papierserviette ab, beuge mich über eine Kühltruhe voller Pelmeni und versuche, zu Atem zu kommen und mich zu beruhigen. Keine Kosmonauten in Sicht. Nur Kunden, die zwischen den Lebensmittelregalen umherwandern, oder Demonstranten, die so tun, als wären sie Kunden, wer weiß. Mit Wein und Lebensmitteln für das Abendessen im Einkaufskorb gehen wir schließlich zur Kassiererin. Ich habe meinen Rucksack dabei und normalerweise versuchen wir, ökologisch vernünftig zu sein und die Plastiktüten abzulehnen, aber dieses Mal nicht.

Durch die Schaufenster sehen wir, dass die Demonstration weitergeht, die Leute marschieren immer noch, wir können sogar Fetzen von Sprechchören hören. Aber die Filialleiterin hat die Tür jetzt versperrt, und sie schreit wütend jeden an, der von außen an der Türklinke zerrt. „Haut ab!", brüllt sie: „Wir haben geschlossen!" Schwere Schlüssel scheppern vor ihren gekreuzten Armen und bittere Töne kommen aus ihrem Mund … Sie lässt uns raus und verrammelt sofort wieder die Glastür hinter unserem Rücken.

Auf dem Heimweg meinst du, wir sollten nicht durch die Höfe gehen, dort könnte den Demonstranten ein Hinterhalt der Polizei drohen. Auf der Puschkin-Allee gehen wir so langsam und ruhig wie möglich und tun so, als wären wir einfach eine junge Familie: Du trägst deine weiße Plastiktüte mit Lebensmitteln, und ich drücke mich dicht an dich. Militärfahrzeuge fahren gemächlich vorbei.

Zu Hause erfahren wir, dass zwei belarusische Philosophen, eine Familie wie wir, heute in der Nähe der Niamiha-Straße verhaftet worden sind.

18. Oktober

Seit August habe ich kein Gedicht mehr geschrieben. Ich kann einfach nicht. Es gibt Dichter, die versuchen, auf all diese Vorkommnisse so schnell wie möglich mit Gedichten zu reagieren. Und ich sehe auch, wie wichtig das ist: Das richtige Wort kann den Schmerz lindern, kann Kraft geben, kann die Wut und die Verzweiflung ausdrücken, die andere fühlen. Selbst du, der du hauptsächlich Prosa schreibst, hast zwei Gedichte verfasst, du fandest, diese Worte würden gebraucht.

Für mich scheint das, was geschieht, immer noch unaussprechlich. Nur die Gedichte, die ich schon früher geschrieben habe, sind weiterhin relevant und auf die Situation anwendbar …

Heute ist der letzte Tag des Buchfestivals „Pradmova“, das vier Tage lang im Kunstpalast im Zentrum von Minsk lief. Die Organisatoren hatten zunächst gezögert, ob es in diesem Jahr stattfinden sollte, entschieden sich dann aber, nicht abzusagen. Diskussionen zu verschiedenen Themen, auch zu den Aufgaben des Moments, Lesungen und Präsentationen waren viel stärker besucht als erwartet. Auch unabhängige Verleger und Buchhändler verkauften Bücher in der Halle. Eigentlich hatten wir seit dem Winter keine derart große Literaturveranstaltung mehr.

Gestern, am Samstag, war die Präsentation deines neuen Buches, mit Signierstunde. Wir wollten ein paar Stunden vor deiner Veranstaltung da sein und uns umschauen. Noch während wir unterwegs waren, sahen wir ganz in der Nähe des Kunstpalastes Prostete von Studenten. Sie versuchten, sich zu sammeln, um gegen die staatliche Gewalt zu demonstrieren. Und plötzlich traf diese Gewalt sie selbst, die

Polizei prügelte und verhaftete sie auf der Straße und auch im Hof des Kunstpalastes, direkt vor den Fenstern, hinter denen die Besucher des Festivals zusehen konnten.

Wir haben das alles auf *Telegram* gelesen, als wir noch im Bus saßen. Es war die gleiche Brutalität, an die wir uns schon langsam gewöhnten. Aber in diesem Moment rückte alles so nah heran an einen Ort, an dem wir zumindest Bruchstücke unseres früheren Lebens wiederzufinden dachten, mit Büchern, Lesern, Verlegern, mit Small-talk über Literatur, mit Klatsch und Witzen. Du hattest dich auf dieses Treffen gefreut und warst ein bisschen in Sorge, ob auch Publikum kommen und ob das Buch gefallen würde. Diese Vorfreude war nun hinüber, dank des Bildes der maskierten Männer, die Schlagstöcke auf Rücken und Köpfe der Jugendlichen niedergehen ließen und sie in blaue Transporter ohne Nummernschilder zerrten. Du sagtest, wir sollten besser aussteigen.

An der Bushaltestelle hast du dich auf eine Bank gesetzt, den Kopf in die Hände gestützt, und ich habe sacht deinen Rücken gestreichelt. Zwei junge Männer in der Nähe – vielleicht waren es ebenfalls Studenten, vielleicht welche, die nicht so viel von der politischen Situation in ihrem Land mitbekommen hatten – diskutierten über die Probleme von jungen Männern und schauten uns irritiert an. Wir beschlossen, bis zur nächsten Haltestelle zu laufen. Es war ein ganzes Stück auf freiem Gelände, keine Gebäude in der Nähe, nur weite grüne Grasflächen. Plötzlich hast du geweint, es dauerte einige Minuten und hörte dann auf. Dein Gesicht war nass vom Regen und von den Tränen: „Ich kann so viel Böses nicht ertragen".

Mit dem Bus kamen wir dann zu einem Einkaufszentrum, ich las weiter die Nachrichten über den Marsch der Studenten, während du zur Toilette gingst. Der Marsch wurde aufgelöst, viele Leute wurden festgenommen. Aber du fühltest dich besser, nachdem du dich übergeben hattest. Du konntest sogar lächeln.

Es war schön auf dem Festival. Viele Leute kamen zu der Diskussion mit dir. Du sahst gut aus, standst selbstbewusst auf der Bühne und sprachst über dein Buch, über unsere finsteren Zeiten, über die Rolle des Schriftstellers. Die Leute hörten zu, stellten Fragen und klatschten Beifall. Auch sie waren begierig nach solchen literarischen Eindrücken. Schließlich standen etwa fünfzig Leute mit einem deiner Bücher in der Hand in der Schlange und warteten auf den Moment mit ihrem Lieblingsschriftsteller. Wir haben niemandem erzählt, was am Nachmittag passiert war.

***

Heute, am Sonntag, war der Tag meiner Präsentation und meines Moments von Schwäche. Mein neuer Gedichtband war ein paar Tage vor den Wahlen herausgekommen. Jetzt merke ich, dass es der denkbar schlechteste Zeitpunkt war: Niemand interessiert sich für einen kleinen Gedichtband, wenn die Schlagzeilen von Toten, von Prügel und Verhaftungen handeln. Aber schließlich konnten wir das nicht vorhersehen, und die Zeit ist, wie sie ist.

Es war also die erste Präsentation des Buches. Zu der Diskussion und der Lesung kamen nicht viele, keine Fragen, kaum Bücher verkauft. Ich habe mich aufgeregt. Meine Freundin Ania, die die Diskussion moderiert hatte, beschloss, zur Demonstration zu gehen. Diesmal war es die Partyzanski-Allee. Blendgranaten, Wasserwerfer, Reizgas. Du hast mich überredet, nicht loszuziehen, stattdessen gehen wir spazieren.

Und diese ganze Last von Schuld, Verzweiflung, von nicht Gebrauchtwerden, sie drückte so unerträglich auf meinen Schultern, dass jetzt ich zu weinen begann, bei der Philharmonie, wo ich im Sommer gelesen hatte. Du streicheltest mir über den Rücken und frorst in der Oktoberkälte.

Die Taubheit kam danach, ich konnte nicht zum Festival zurückehren, ich konnte nicht mehr auftreten, obwohl ich eine weitere Veranstaltung gehabt hätte: Übersetzung von Poesie. Ich rief Ania an, die ihre Übersetzungen ebenfalls vortragen sollte, und sagte es ihr. Sie erzählte mir, sie sei mit der Straßenbahn zur Demonstration gefahren und hätte gesehen, wie die Menschen gewaltsam auseinander getrieben wurden; nun wollte sie auch nicht mehr hin.

25. Oktober

Es war ein schöner Spaziergang heute. Wirklich ein Spaziergang. „Ich gehe spazieren" ist der berühmte Spruch von Nina Bahinskaya, sie ist 73 Jahre alt und eine Veteranin der belarusischen Protestbewegung. Mit dem Spruch hatte sie der Polizei erklärt, warum sie mit einer riesigen weiß-rot-weißen Fahne über dem Kopf die Straße lang ging. Wir alle gehen nur die Straße entlang (wenn wir nicht rennen, natürlich).

Manchmal kann sich eine Demonstration wirklich in einen Ausflug verwandeln, wenn die Menschen nämlich von einem Teil der Stadt in einen anderen ziehen, weil die Behörden sich die Mühe machen, die Hauptstraßen zu blockieren und zentrale Plätze mit Stacheldraht zu verteidigen, und uns damit zwingen, in verschiedenste Richtungen auszuweichen. So lernen wir unsere Stadt jedes Mal besser kennen.

Heute sind wir von der Stele zum Supermarkt *Riga* gelaufen. Die Route war nicht neu, aber trotzdem schön. Fahnen, Plakate, Sprechchöre, Menschen, die uns aus den Fenstern grüßten. Aber ein paar hundert Meter vor dem *Riga* stand ein Polizeikordon, so dass die Demonstranten beschlossen umzukehren, und wir entschieden uns, den Ort über die Höfe zu verlassen. Hier und da rannte wer, andere versteckten sich im Einkaufszentrum. Aber schließlich holte Ihar dich und mich zusammen mit Ania ab, und wir fuhren in ihre Wohnung.

Wir sind gerade ganz vergnügt dabei, ein kleines Abendessen vorzubereiten, als mein jüngerer Bruder anruft und fragt, was denn los sei. Er ist jetzt mittendrin, bei den Demonstranten in der Arlouskaja-Straße. Ich erinnere mich, wie er einmal anrief, als wir beide, du und ich, in diesem September in Prag waren, und er dieselbe Frage stellte. Es war ein R-Gespräch, wir saßen in einem Bus, wir hatten unsere Masken auf. Der Gedanke, dass er jetzt dort war, wo Granaten explodierten, brachte mich so durcheinander, dass ich meine Maske abnahm und anfing, ihm laut von den neuesten Nachrichten zu berichten, die ich auf *Telegram* gelesen hatte. Wir waren in Prag, und ich erzählte ihm von Absperrungen und Polizeiaktionen in Drazdy, einem Viertel in Minsk, in dem viele Beamte lebten. Den irritierten Tschechen, die fanden, ich solle leiser sprechen und meine Maske aufsetzen, schenkte ich keinerlei Beachtung. Wir waren keine normalen Leute mehr, wir kamen aus einem Land, in dem sich der Staat im Krieg mit seinen eigenen Volk befand.

Jetzt erzähle ich ihm also, was in der Arlouskaja-Straße los ist. Einerseits fühle ich mich ein bisschen schuldig, dass wir bei Ihar und Ania in einer sicheren Wohnung sind, aber andererseits bin ich wirklich froh, hier am Tisch zu sitzen, mit Essen und Wein. Und als ich den *Telegram*-Feed lese, wird mir klar, dass die Demonstration, die wir als so netten Spaziergang empfunden hatten, sich in eine Jagd auf Demonstranten verwandelt hatte, in eine Schießerei, mit dem Einsatz von Blendgranaten und Gummigeschossen. Mein Bruder wiederholt die Nachrichten, die ich ihm aus *Telegram* vorlese, für seine Freunde, die irgendwo dort im Halbdunkel herumzustehen scheinen und auf Einzelheiten warten. Am Ende bitte ich ihn vorsichtig, doch nach Hause zu gehen, obwohl ich weiß, dass er erwachsen ist und für sich selbst entscheiden kann.

Dann lesen wir von der Jagd auf Menschen und brutalen Schlägen in den Höfen. Am schockierendsten ist ein Video, auf dem Bereitschaftspolizisten in eine Wohnung eindringen, in der sich mehrere Dutzend Menschen verstecken, und trotz des Schreiens und Flehens einer Frau auf Knien greifen sie sich gewaltsam alle Männer heraus, die sie finden können.

Es ist ein Faschismus wie in den Schulbüchern unserer Kindheit. Und der Faschismus bricht in unsere Wohnungen und unser Leben ein.

1./2. November

Ich bin so nah dran, dass ich selbst in der Dunkelheit dieser Nacht sehen kann, wie schäbig er ist, wie die schmutzigweiße Farbe von dem Zaun mit seinem Betongitter abblättert, der hier auch schon seit Sowjetzeiten stehen könnte. Wir sind fast zwanzig Leute unter einer einsamen Straßenlaterne vor dem Zaun. Wir stehen herum, wir gehen herum, wir reden und warten schweigend bei unseren Autos auf ein Wort, wenigstens auf ein Zeichen unserer Lieben, die in dem hässlichen

Bau hinter dem Zaun festgehalten werden: dem Polizeirevier Baraulianski. Wir, die Verwandten und Freunde derer, die heute festgenommen wurden. Auch meinen Bruder und seine kleine Blechtrommel haben sie erwischt.

***

Die heutige Kundgebung war *Dziady* gewidmet, Allerheiligen, das am 1. November gefeiert wird – aber auch einem der blutigsten Ereignisse in der Geschichte von Belarus: „Die Nacht der hingerichteten Dichter". In nur einer Nacht, vom 29. auf den 30. Oktober 1937, wurden einhundertdreißig belarusische Intellektuelle von den Sowjets getötet und im Kurapaty-Wald bei Minsk verscharrt. Die Wahrheit über die Massengräber kam erst Ende der 1980er Jahre ans Licht, die erste Kundgebung dort wurde von der sowjetischen Polizei auseinandergetrieben. Jetzt befindet sich an dem Ort eine Gedenkstätte für die Opfer des Stalin-Regimes: Hunderte von Holzkreuzen erinnern an Hunderttausende, die dort in den Jahren 1937 – 1941 ermordet wurden. Die Idee für die Kundgebung war also, nach Kurapaty zu ziehen und der Toten zu gedenken.

Einmal im August, als es noch nicht so gefährlich war, vorbeifahrenden Autos das Victory-Zeichen zu zeigen, nahmen wir an einer Aktion teil, die von belarusischen Christen initiiert worden war. Sie hieß „Kette der Buße". Sie wollten eine Menschenkette entlang der Straße an der Gedenkstätte Kurapaty und dem dortigen Massengrab der Opfer des Stalin-Regimes bis nach Akrescina bilden, dem Ort, an dem friedliche Demonstranten vom Lukaschenko-Regime verhaftet, geschlagen und gefoltert wurden. Eine ununterbrochene Linie, dreizehn Kilometer lang.

Diesmal war der Treffpunkt für die Demonstranten nicht die Stele, sondern die Metrostation Čaliuskincaŭ Park. Sie liegt in der Niezaležnasci-Allee, ziemlich weit weg von uns. Die drei Metrostationen in der Nähe waren gesperrt worden, und wir wollten zunächst einmal sehen, wie die Situation sich entwickelte, und dann eine Entscheidung treffen … Und da von Anfang an ständig Leute, die versuchten, sich dort zu einzufinden, auseinandergetrieben, geschlagen und festgenommen und wie immer Blendgranaten und Gummigeschosse eingesetzt wurden, beschlossen wir, nicht hinzugehen.

Aber wir konnten beide weder arbeiten noch reden. Wir saßen in verschiedenen Räumen, unsere Handys zwischen den Fingern und scrollten wie verrückt durch die Nachrichten, und es war kaum auszuhalten, das alles zu lesen und anzuschauen. Aus dem Nebenzimmer immer wieder Seufzer.

Und mein Bruder irgendwo dort, zusammen mit seiner Freundin.

Du wolltest irgendetwas Sinnvollen und Nützliches tun und liefst in den nächsten Laden, um Lebensmittel einzukaufen. Ich blieb allein mit meiner Internetverbindung und der Polizeigewalt auf *Telegram*. Und scrollte und scrollte …

Erwischt. Mich.

Zwei Nachrichten, die mich plötzlich um 16.13 Uhr von meinem Bruder erreichen. Dann, eine Minute später seine Freundin: *Pecia gefasst.* Mir lief es eiskalt den Rücken herunter bei der Vorstellung, mein Bruder blutend auf dem Boden eines Gefangenentransporters …

Aber wir konnten noch Nachrichten austauschen:

16.26 *Werden irgendwo hingefahren* (Pecia)
16.27 *Bist du geschlagen worden?* (ich)
16.28 *Noch nicht* (Pecia)

Seine Freundin Julia war bei ihm gewesen auf einem Feld in der Nähe des Kurapaty Mahnmals, als Polizisten in Schwarz und Grün plötzlich in ihren Minibussen auf den Rasen gefahren kamen und Jagd auf die Leute machten. Ich hatte mir gerade die surrealen Fotos der Menschenjagd im Newsfeed angeschaut, als Pecia sich meldete.

Julia erzählte mir am Telefon, dass sie an einem zierlichen Mädchen wie sie nicht so interessiert waren, aber mein Bruder, der war einer von der Sorte, die passte. Zum Glück war die Fahne in ihrer Tasche, nicht in Pecias, aber der trug seine kleine Blechtrommel.

17.03 *In welchem Polizeirevier bist du?* (ich)

Während Julia im Auto eines Fremden auf dem Heimweg von Kurapaty war, wurde ich aktiv. In Belarus muss man die Checkliste „Was tun, wenn Angehörige festgenommen wurden" auswendig kennen. Zuerst die Menschenrechtsorganisation oder die Freiwilligeninitiative über die Verhaftung informieren (vollständiger Name, Geburtsdatum, Ort der Verhaftung) und den *Telegram*-Kanal „Listen der Verhafteten in Akrescina-Žodzina-Baranavičy" einschalten, wo dank einer Zusammenarbeit mit Polizeistationen und Freiwilligen der Name deines Verwandten oder Freundes erwähnt sein könnte. Im Anschluss an Demonstrationen durchsucht man in Belarus ständig diese langen Listen von Verhafteten. Man findet bestimmt ein Dutzend Namen von Leuten, die man kennt …

Dann muss man alle Polizeireviere durchtelefonieren, in denen er oder sie sitzen könnte (obwohl sie dir in den meisten Fällen nichts sagen werden). Und wenn du endlich weißt, wo dein Verwandter ist, kannst du versuchen, ihm ein Paket zu bringen (wichtige Medikamente, warme Kleidung, etwas Essen), aber höchstwahrscheinlich geht es nicht durch.

Und wir sollten Gott danken, wenn unsere Lieben nicht auf den Listen des Polizeireviers Saviecki auftauchen, wo die Gefangenen stundenlang mit den Händen an der Wand im Innenhof stehen müssen, auch spät nachts, auch wenn es kalt ist.

Pecia stand nicht auf den Listen von Pieršamajski, Frunzienski, Saviecki …

19.55 *Baraulianski* (Pecia)
19.56 *Wir kommen zusammen mit Julia zu dir* (Ich)
19.58 *Aber ich weiß nicht, ob wir hier bleiben sollen* (Pecia)
19.59 *Ok, wir verstehen.*

***

Da sind wir also, Polizeirevier Baraulianski, außerhalb von Minsk. Ihar hat uns und Julia hingefahren. Wir sind froh, dass man Pecia das Telefon nicht abgenommen hat, er ist in einer nicht gerade bekannten Polizeistation gelandet, wir wären allein nie darauf gekommen.

Im Auto hat Julia uns eine weiße Plastiktüte gezeigt – ein Päckchen für Pecia. Eigentlich war das Päckchen für einen

Freund gedacht, sagt sie, aber sie haben es nicht geschafft, es zu übergeben. Also hat sie etwas Unterwäsche dazu gelegt, und schon war es für Pecia. Eine Rolle Klopapier, drei Zahnbürsten (auch für die Zellengenossen), mehrere Schokoladen- und Müsliriegel, den Rest kann ich nicht sehen …

Nur Angehörige dürfen Pakete für die Inhaftierten abgeben. Also gehe ich zu dem weißen Tor und drücke auf den Knopf. Eine junge Männerstimme irgendwo in der Tiefe des hässlichen Baus teilt uns mit, dass, ja, Pecia hier ist, und nein, sie nehmen keine Pakete an.

Uns bleibt nichts anderes übrig, als zu warten, zu reden und zu beobachten, was sich hinter dem Gitter des Betonzauns abspielt. Im Innenhof des Reviers steht die Büste eines Mannes. Ich sehe sie nur im Profil und kann ihn nicht erkennen. Ist es Feliks Dzierżynski?* Ich gehe um die Ecke und schaue mir die Büste durch den Zaun noch einmal an, aber es ist zu dunkel, um den Namen auf dem Schild lesen zu können.

Ich versuche, mir nicht vorzustellen, was mit Pecia und den anderen in genau diesem Moment auf der Polizeiwache passiert. Wir haben beobachtet, wie ein großer roter Bus durch das Tor fuhr. Julia sagt, es sei derselbe Bus, in den Pecia verladen wurde. Wir schauen auf die Fenster, um herauszufinden, ob Kosmonauten darin sind, aber die Fenster sind mit dichten Vorhängen versehen.

Gegen 23.00 Uhr tritt ein Beamter der Polizeistation durch das Tor, er hat ein Papier in der Hand. Es ist eine Liste der Inhaftierten. Er fragt, warum wir hier stehen, und sagt uns, dass unsere Angehörigen in der Polizeistation nicht geschlagen oder gefoltert worden sind. Allerdings wurden drei

Ambulanzen gerufen, und ein Mann soll wegen seiner Verletzungen ins Krankenhaus gebracht werden. Aber noch einmal will er uns überzeugen, dass man in ihrer Polizeistation nicht geschlagen würde. Der Beamte sagt, dass der Fall eines Mädchens noch geprüft werde, ihre Angehörigen könnten warten. Der Rest werde nach Žodzina transportiert. Dass wir hier sind, „verlangsamt die Arbeit der Polizei". Als wir ihn schließlich unter dem Licht der Straßenlaterne stehen lassen, erlaubt er einem der Freiwilligen, ein Foto von der Liste der Festgenommenen zu machen.

Durch den Zaun sehen wir einen weißen Gefangenentransporter, der auf dem Gelände des Polizeireviers vor dem Eingang wartet. Seine Türen sind offen und einladend. Wir beobachten einige Wärter, die lässig hin und her laufen. Wir beobachten, wie ein Krankenwagen durch die Tore eingelassen wird und die Ärzte aussteigen. Wir alle beobachten, wie die schwarze Gestalt eines Häftlings mit den Armen auf dem Rücken in den Wagen geschubst wird. Es ist nicht Pecia, es ist niemand, den einer von uns, die hier stehen und warten, kennt. Dann ist es wieder still.

Dann kommt ein Mädchen aus dem Tor, sie humpelt, ihre Freunde rennen zu ihr und umarmen sie. Ihr Gesicht ist rot vom Weinen, sie scheint am Bein verletzt zu sein, sie ist so glücklich, wieder frei zu sein, und obwohl sie weint, will sie unbedingt sofort von denen berichten, die noch drin sind. Julia fragt sie nach Pecia, einem Musiker mit langen Haaren und einer Trommel.

– Ah, ja, er sitzt da in einer Ecke. Ihm geht's gut, er ist nicht geschlagen worden.

Gegen Mitternacht steigen die Freunde und Verwandten, die zusammen mit uns gewartet haben, in ihre Autos und fahren davon. Vier von uns bleiben noch. Ihar schaut sich im Auto Videos an, nach der Operation sollte ihm nicht kalt werden. Du rauchst. Julia steht am Gitter des schmutzigen weißen Betonzauns: „Lasst uns noch ein paar Minuten warten, ja?“, sagt sie. „Vielleicht sehen wir ihn ja noch? Vielleicht passiert bald was?“ Wir warten noch eine halbe Stunde, aber niemand sonst wird in den Transporter geschubst. Sitzt der Häftling allein da drin in der Dunkelheit? Um 0.30 Uhr findet auch Julia, wir sollten nach Hause fahren.

Am nächsten Tag, am Montag, etliche Recherchen und erfolglose Anrufe bei der Polizei, und schließlich finden wir Pecias Namen auf der Liste der Žodzina-Häftlinge. Dein Bruder ist so nett und schlägt vor, uns drei dorthin zu bringen, es ist mehr als fünfzig Kilometer von Minsk entfernt.

Vor der Haftanstalt Žodzina werden wir von Freiwilligen empfangen. Sie fragen sofort nach dem Namen unseres Inhaftierten, fragen, ob wir ihn nach Hause bringen können und nach einem Telefonkontakt. Dann müssen wir warten.

Die Gerichtsverhandlungen laufen hinter verschlossenen Türen und gleich hier im Gefängnis, keine Anwälte, kein Terminplan, namenlose Richter, die aus kleinen Orten herkommen, in Minsk herrscht da Mangel: Zu viele „Kriminelle“ werden im Land jeden Sonntag verhaftet. Es besteht die Hoffnung, dass Pecia mit einer Geldstrafe davon kommen könnte (wir sind sicher, dass er für schuldig befunden wird), denn in der Haftanstalt sind etwa 500 Leute, viel mehr, als sie fassen kann. Die Polizei wird Platz schaffen müssen.

Während wir warten, gehen wir in einen kleinen Laden auf der anderen Straßenseite. Man findet hier alles, was ein Häftling brauchen kann: ordentliches Essen, Zahnpasta, Shampoo, Seife, ein Päckchen Spielkarten … Man kann auf einer Liste nachsehen, welche Waren ins Paket dürfen; und die Regeln, nach denen sie verpackt werden müssen, hängen am Fenster. Kaffee und ein warmes Sandwich für die Verwandten gibt es auch, und man findet sogar Bücher zum Tausch in einem Regal, Klassiker des 20. Jahrhunderts, Krimis.

Wir essen, reden, machen uns lustig über die seltsamen Namen der Sandwiches. Plötzlich sehen wir auf *Telegram* auf der Liste der Entlassenen den Namen von Pecias Freund, der auch nach Žodina gebracht worden war. Julia und ich rennen nach draußen auf die andere Straßenseite, wir wollen mit ihm reden, aber es stellt sich heraus, dass er gerade mit einem der Freiwilligen davongefahren ist.

Wir warten und warten, lesen auf *Telegram*, schauen uns die Einheimischen an, die den Ankömmlingen aus Minsk gegenüber nicht gerade freundlich gesinnt scheinen, wir wärmen uns im Auto auf, werden draußen wieder kalt, schauen uns die Entlassenen und ihre glücklichen Verwandten und Freunde aus der Ferne an …

Und plötzlich rennt ihr zum Tor des Gefangenenlagers, du und Julia: „Pecia!!!“ Und da ist er, mein langhaariger, bärtiger Bruder mit seiner Blechtrommel in der Hand. Lächelnd wie immer, nach der brutalen Haft, mit einem Loch am Knie, aber trotzdem gesund. Er wurde für schuldig befunden und mit einer Geldstrafe belegt.

Während wir sein Knie versorgen, erzählt uns Pecia von der Haft. In der Zelle, die für sechs gedacht war, saßen vierzehn. Sie schliefen auf eisernen Etagenbetten, ohne Matratzen, ohne Bettwäsche, nachts war das Licht ständig an. Nach dem Aufwachen durfte man nicht auf den Betten liegen, aber es gab kaltes Wasser und eine Toilette, kaum abgeschirmt, die wie ein Loch im Boden aussah. Am Morgen gab's nur einen seltsamen Brei und süßen Tee …

Als wir ins Auto steigen, erzählt er uns stolz, dass jeder Polizist, auf den er traf, auf seiner Trommel gespielt hat. Plötzlich merken wir, dass wir nur noch die Riegel in dem weißen Plastikpäckchen für Pecia haben. Er isst zufrieden vor sich hin und lässt Julias Hand nicht mehr los.

Aber gleich nach Hause fahren können wir nicht. Pecias Handy ist noch auf dem Polizeirevier von Baraulianski, er muss erst die Geldstrafe bezahlen. Also kehren wir, diesmal bei Tageslicht, zu diesem furchterregenden Ort zurück. Und während Pecia sein Telefon auslösen geht, kann ich durch die Gitterstäbe des Zaunes endlich den Namen auf dem Schild lesen: „Mikhail Frunze (1885 – 1925)", Vater der belarusischen Miliz.

Als wir wieder in Minsk sind, ist es dunkel, nur das orange Licht der Straßenlaternen verleiht dem trüben Himmel etwas Farbe. Wir sitzen schweigend und bedrückt im Auto. Aber eigentlich hat Pecia Glück gehabt, wir alle haben Glück gehabt, toi toi toi. Pecia war einer von mehr als tausend Gefangenen an diesem Sonntag. Und Hunderte sitzen immer noch in überfüllten Gefängnissen, unter schrecklichen Bedingungen, wurden vielleicht geschlagen, sind ohne medizinische Hilfe. Einige von ihnen werden womöglich Covid-19 bekommen. Gegen rund 250 wurden Strafverfahren eingeleitet, völlig willkürlich, für nichts, nur weil sie auf die Straße gegangen sind.

Und ihre Angehörigen müssen in langen Schlangen warten, in Minsk, Žodzina, Baranavičy, in Mahiliou, mit ihren Paketen, mit nicht mehr als fünf Kilo …

Als wir beide endlich spät abends nach Hause kommen, atmen wir tief durch, wir umarmen uns, wir glauben und hoffen weiter.

ЖЫВЕ
МЫ
МЫ
ЛУЧШИЕ

III.

11. März

Ich sitze an einem schmalen IKEA-Tisch und betrachte die orangefarbenen Dächer der Altstadt, die von schlanken Baumstämmen abgeschirmt werden. Ich kann nicht sagen, zu welcher Art von Bäumen die Stämme und Äste gehören, sie sind noch kahl, aber ich tippe auf Akazien, als botanisches Symbol für Freundschaft und für die Unsterblichkeit der Seele in der christlichen Kunst, wie es das Wörterbuch anbietet.

Unser neues Zuhause ist ein Schloss. Das Schloss heißt Cerrini und liegt auf dem Schlossberg im Zentrum von Graz, Österreich. Wir sind von der Kulturvermittlung Steiermark eingeladen worden, hier ein halbes Jahr zu verbringen. Der Berg, von dem aus ich jetzt auf die Stadt schaue, ist 128 Meter höher als der höchste Punkt in Belarus – Hara Dziaržynskaia, vor 1958 wurde er Heiliger Berg genannt. Feliks Dziaržynski* taucht in dem Namen auf, vielleicht ist das der Grund, warum ich immer eher gezögert habe, hinzugehen und mir anzuschauen, wie Berge in unserem flachen, sumpfigen Land aussehen.

Graz ist von vielen Bergen umgeben, und ich kenne ihre Namen nicht. Graz ist vieles, was Minsk nicht ist. Ziegeldächer mit Schornsteinen, Straßen mit Kopfsteinpflaster, ganz glatt von all den Füßen und Wagenrädern über all die Jahrhunderte, kleine Läden voller unnötigem teuren Schnickschnack und mit kopflosen Schaufensterpuppen in ausgefallenen Trachten für Männer und Frauen, bei denen ich nie auf die Idee käme, sie zu tragen … Sicher, wir sind physisch hier, schlendern die engen Gassen entlang, schauen abends in die beleuchteten Fenster von Fremden, gehen den Berg hinunter, auf dem wir wohnen, und gehen außer Atem wieder hinauf.

***

Wir sind im November 2020 nach Graz gekommen, etwa zwei Wochen, nachdem Raman Bandarenka getötet wurde. Er war im Hof seines eigenen Hauses von Maskierten schwer verprügelt worden und starb am nächsten Tag nach einer Operation im Krankenhaus. Alle verfolgten wir die Nachrichten in der Hoffnung, er würde überleben, obwohl seine Chancen minimal waren. Es gab kein Wunder.

In den staatlichen Medien versuchten die Behörden uns weiszumachen, es hätte da eine Alkoholvergiftung gegeben, aber der Arzt, der um Ramans Leben gekämpft hatte, sagte einer Journalistin von *tut.by*, Bandarenka sei völlig nüchtern gewesen. (Und selbst wenn er betrunken gewesen wäre, was hätte das geändert?) Sowohl der Arzt als auch die Journalistin wurden einige Zeit später verhaftet. Im März wurden sie für schuldig befunden, medizinische Geheimnisse verraten zu haben, die Journalistin bleibt weiterhin inhaftiert. Die Ermittlungen wegen Bandarenkas Tod wurden nach einer Welle der Empörung im In- und Ausland erst im Februar aufgenommen, aber soweit ich weiß, wurden noch keine Verdächtigen gefunden.

Raman wurde auf dem so genannten *Platz des Wandels* zu Tode geprügelt. Der ganz und gar banale Platz, von neueren Wohnblocks umgeben und mit einer Trafostation in der Mitte, kam nach den Wahlen zu seinem Namen. Raman wurde dort ermordet, weil er maskierte Unbekannte daran hindern wollte, weiße und rote Bänder abzuschneiden, mit denen Anwohner den Zaun an dem Platz geschmückt hatten. Wegen dieser Bänder wurde er auf dem Weg zur Polizeiwache im Auto gefoltert, dann wurde sein entstellter Körper auf die Veranda der Wache geworfen, und ein Polizist rief einen

Krankenwagen, der ihn ins Krankenhaus brachte. Dort fiel er ins Koma und starb.

Wir waren fassungslos, jeder hätte an Ramans Stelle sein können, jeder, der das Viertel, in dem er oder sie lebt, verteidigen will. Und die Behörden des Staates reden nicht über die Grausamkeit seiner Mörder, nicht über die Tragödie seiner Familie, nein, sie bezichtigen ihn noch auf hinterhältige Weise des Alkoholmissbrauchs. In der Nacht nach seinem Tod stellten wir Kerzen in die Fenster. Wir gingen zu der Trafostation, die innerhalb weniger Tage zu einer wahren Gedenkstätte für ihn wurde.

Diese Trafohäuser, die es zu Tausenden in Minsk und anderswo gibt, diese hässlichen Betonbauten, sind für die Leute in Belarus zum eigentlichen Symbol für die Veränderung der Macht geworden. Selbst in unserem Hof dienten sie als Bühne für den Auftritt anonymer Partisanen. Weiß-rot-weiße Fahnen, schnell gezeichnete „Pahonia"-Wappen* mit weiblichem und männlichem Reiter, allerlei Parolen, die immer wieder neu auftauchten, wenn Arbeiter der Gemeinde sie mit grauen, suprematischen Rechtecken übermalten. *Volk bedeutet Macht. Wähle die Freiheit, wähle das Leben. Die Feigheit der Väter führt zur Sklaverei der Söhne. Jede Macht führt zur Diktatur. Selbstorganisation oder Sklaverei, ihr habt die Wahl.* Ich hätte nie gedacht, dass wir so viele politisch denkende Menschen bei uns im Viertel haben, denn bisher sah und hörte man als wahrnehmbare Gruppe meist nur die Alkoholiker vor unseren Fenstern.

Das Trafohaus auf dem Platz des Wandels war lokale Bühne und Schlachtfeld zugleich. Alles begann mit zwei männlichen Akteuren mit ausgestreckten Armen – wir nannten sie *DJs of*

Changes. Diese mutigen jungen Männer legten bei einer der staatlichen Kundgebung zwei Tage vor den Wahlen plötzlich den Song *Peremen* auf, wurden sofort von der Polizei festgenommen und verloren ihre Arbeit. Einige Tage später tauchten ihre Porträts an der Wand des Trafohauses auf. Und wenn maskierte Männer in Schwarz sie übermalten, tauchten die Porträts wieder auf. Dann wurden sie wieder beseitigt, wurden aber auf der grauen Wand wieder restauriert. Wie oft es zur dieser Verwandlung kam? Zwanzig Mal? Dreißig Mal? Die OMON fing an, das Trafohaus Tag und Nacht zu bewachen, um zu verhindern, dass die Leute es wieder bemalten. Es klingt absurd und verrückt, aber das ist unsere Geschichte, und jeder Autor von Dystopien wäre neidisch darum.

Als wir beide, du und ich, zum Platz des Wandels kamen, um des Todes von Raman Bandarenka zu gedenken, sah man nur noch ein paar grüne Flecken auf den Wänden, die an die Bilder der DJs erinnerten. Aber der ganze Hof war zum Wallfahrtsort geworden. Bänder schmückten den Platz, Kerzen brannten, Tausende von Blumen lagen auf dem Boden, standen überall in Vasen, steckten zwischen den Metallstäben des Zaunes in den Farben der Landesfahne. Selbstgemalte Plakate, Fotos von Raman, schlicht gezeichnete Porträts von ihm klebten an den Wänden und Geländern. Wir gingen in einen Laden in der Nähe, um ebenfalls Blumen zu kaufen, und die Verkäuferin wusste schon, welche Farben wir brauchten. Ständig kamen Leute, sie standen in einer Schlange vor dem Laden. Ich legte die Blumen unter das Plakat mit den Namen derer, die während der Proteste getötet wurden oder starben:
Aliaksandr Tarajkouski
Hienadz Šutau
Aliaksandr Vichor
Mikita Kryucou

Aliaksandr Budnicki
Kanstancin Šyšmakou
Raman Bandarenka

Vielleicht tausend Menschen standen auf dem Hof oder liefen in dem leichten Novemberregen hin und her. Einige erzählten ihre Geschichten: über die Flucht vor der Polizei oder umgekehrt über die langen Tage in Haft. Manche schauten nur schweigend auf das Trafohaus, lasen die Texte oder legten Blumen nieder und zündeten Kerzen an, manche boten denen, die schon lange hier waren, Tee und Gebäck an. Einige wischten sich Tränen weg. Auch ich konnte nicht aufhören zu weinen. Die Brutalität, die Ungerechtigkeit, die Lügen waren so gewaltig, dass es mir manchmal vorkam wie in einem Albtraum, aus dem man erwachen will. Aber dieser Albtraum dauert und dauert …

Am nächsten Tag wurde die Gedenkstätte von der Sonderpolizei völlig zerstört, jedes Bändchen, jedes Plakat, jede Blume wurde abgetrennt, abgerissen, abgeschnitten, um jedes Zeichen der Trauer zu tilgen. Und die Leute, die das Mahnmal mit ihren Körpern zu schützen versuchten, wurden verhaftet und ins Gefängnis gesteckt. Dutzende schafften es, sich in den Wohnblocks in der Nähe zu verstecken. Als wäre es wie zu Zeiten des Zweiten Weltkriegs, versteckten die, die dort wohnten, diejenigen, die gekommen waren, um das Denkmal von Raman Bandarenka zu verteidigen. Alle mussten sich mucksmäuschenstill auf den Boden legen, keine Bewegung, kein Licht, nichts trinken oder essen, denn die Sonderpolizei durchkämmte jede einzelne Wohnung, aus der ein Lebenszeichen zu vernehmen war. Außerdem kontrollierten sie die Dokumente der Leute, die die Wohnungen verließen, und alle, die nicht unter dieser Adresse gemeldet waren, wurden festgenommen. Wenn wir BelarusInnen bisweilen gefragt werden, warum wir die Vorkommnisse in unserem Land mit einem faschistischen oder Nazi-Regime vergleichen, dann liegt es an solchen Geschichten, an den Gestapo-Methoden, über die wir in der Schulen so viel gelernt haben.

Zwei belarusische Journalistinnen, die an diesem Tag per Livestream vom Platz des Wandels berichtet hatten, wurden von der Polizei in einer der Wohnungen entdeckt. Sie bekamen zwei Jahre Gefängnis wegen „Koordinierung der Proteste", obwohl sie nur ihren Job gemacht hatten.

Da waren wir beide nicht dabei. Wir hatten unsere eigene Kundgebung bei uns im Viertel. Die Idee war, die Demos zu dezentralisieren. Ein Teil der Demonstranten ging zum Platz des Wandels und ein Teil versuchte, sich in der Puschkin-Allee zu versammeln, nicht weit von unserer Wohnung. Auch wenn wir die Tickets nach Wien schon gekauft hatten und wir im Falle einer Verhaftung das Stipendium nicht hätten antreten können, wollte ich unbedingt raus und sehen, was passiert; es war unmöglich, zu Hause zu bleiben.

Als wir uns der Allee näherten, sahen wir Militärfahrzeuge, Stacheldraht und vielleicht eine Hundertschaft Bereitschaftspolizei in voller Ausrüstung und mit Metallschilden vor sich, die unter der großen Brücke über die Allee Stellung bezogen. Wir konnten beobachten, wie sie aus den blauen Bussen sprangen, wie sie einen riesigen Metallschirm (ich weiß nicht einmal, wie das auf Belarusisch heißt) über die Straße zogen, um zu verhindern, dass irgendjemand auf die andere Seite kam, obwohl doch klar war, dass kein Demonstrant es wagen würde, unbewaffnet gegen die Armee vorzugehen oder wer immer diese „Kosmonauten" waren.

Manchmal denke ich, dass sie mit imaginären Feinden kämpfen: grausam, brutal, stark, bis an die Zähne bewaffnet, echte Superkriminelle – die nur in den Köpfen der belarusischen Machthaber existieren. Vielleicht haben sie sich solche echten Gegner immer gewünscht, vielleicht haben sie deshalb so viele Waffen, so viele Autos, so viel militärisches „Spielzeug" gekauft. Aber blöderweise haben sie es nur mit diesem jämmerlichen belarusische Volk zu tun, das keinerlei Aggression zeigen will, das mit Blumen und Plakaten herumläuft und, dieses Idiotenpack, jeden Zusammenstoß vermeidet.

Und tatsächlich haben diejenigen, die die Route für die Kundgebung vorgeschlagen hatten, einen Fehler gemacht: Die Straße war leicht zu sperren, und nun liefen die Leute hin und her und suchten nach einem Schlupfloch. Plötzlich bemerkten wir eine seltsame Bewegung auf der Straße, einige Leute gingen schneller, andere rannten schon. Ein, zwei Minuten später sahen wir einen Wasserwerfer, der langsam die Allee entlangfuhr, und das konnte gar nichts Gutes bedeuten. Zusammen mit anderen rannten wir durch die Höfe in Richtung unseres Hauses, und es dauerte länger, als ich dachte. Ich rannte so gehetzt, dass der Reißverschluss an meinem Mantel aufriss, aber es fehlte die Zeit, ihn zu richten.

Verschwitzt und mit rotem Gesicht gelangten wir zum Eingang unseres Hauses, die älteren Nachbarn saßen wie immer auf ihren Bänken. Trotzdem war die Tür nur angelehnt, um die Demonstranten einzulassen. Für den Fall, dass die Sonderpolizei auftauchte, um das Gebiet zu durchkämmen. Unser Nachbar aus dem Erdgeschoss hielt die Tür offen, es war der, den wir immer rauchend in seinem hässlichen Unterhemd im Flur stehen sehen, während er mit dem Finger über den Handybildschirm fährt. Und als ich ihn nun fragte, ob er die Leute ins

Haus lassen würde und er „natürlich" sagte, schauten wir uns plötzlich mit viel mehr Sympathie als zuvor an.

Nach einer Viertelstunde, als sich die Demonstration bereits aufgelöst hatte, tauchte ein Trupp Polizisten in voller Montur auf. Sie hatten keinerlei Abzeichen auf ihren Uniformen, nur auf dem Brustpanzer des Kommandeurs prangte eine rot-grüne Flagge. Von oben sahen die Männer wie riesige Insekten aus: dünne Schlagstöcke in den Händen, die schwarzen Handschuhe, glänzende schwarze Helme und diese schnellen Bewegungen. Ich fotografierte sie, und plötzlich wurde mir schlecht. Und wenn sie nun in unsere Wohnung einbrechen, falls sie den Kopf heben und mich bemerken? Aber das taten sie nicht. Und sie fanden auch keine Demonstranten mehr; die hatten es geschafft, vorher zu verschwinden.

***

Ich schreibe das, während ich an einem weißen Tisch in meiner vorübergehenden Bleibe in Graz sitze, durch das hohe Fenster scheint ein Knoblauch-Mond, und eine Sonnen-Melone weckt uns am Morgen. Ich bin jetzt in Sicherheit, ich habe keine Angst, dass die Polizei mich am helllichten Tage auf der Straße entführt oder dass ein Dutzend maskierter Männer im Morgengrauen in unsere Wohnung platzt, dass sie unsere nackten Körper auf den Boden zwingen, dass sie unsere Computer, Telefone, Kameras einpacken könnten, dass sie drohen könnten, uns zu vergewaltigen, wenn wir ihnen den Zugang zu unserem *Telegram*-Account nicht nennen … Ich würde mir wünschen, dass all das Übertreibungen sind, ich würde mir wünschen, dass das nur so eine Art zu reden ist. Aber das ist es leider nicht. Es gibt genug Aussagen von Leuten, die so etwas durchgemacht haben, es gibt genug Leute, die es im Moment durchmachen.

Das stärkste Gefühl, das ich in den ersten Tagen in Graz hatte, war Schuld – weil ich frei war, weil ich in Sicherheit war, weil ich weit weg war. Ich habe die Nachrichten während der Protestaktionen sonntags verfolgt, und der Schmerz war immer noch stark, und die Angst wollte lange nicht verschwinden. Selbst jetzt, nach vier Monaten im Ausland, träume ich noch, ich würde weglaufen und mich vor der Polizei verstecken. Manchmal schaffe ich es, ihnen noch im Traum zu entkommen, und manchmal muss ich erst aufwachen, um sie hinter mir zu lassen.

15. März

Es ist dunkel hinter den Fenstern im Zug nach Graz. Wir lesen, in der Scheibe sehe ich dein Spiegelbild, aufmerksam, im Halbprofil. Ein lange vergessenes Gefühl: ruhig dasitzen und lesen, während der Zug uns irgendwo hinbringt. Wir sind allein im Abteil. Ein paar junge Leute, Studenten vielleicht, sind in Wien hereingekommen, aber nach einer Viertelstunde wieder ausgestiegen. Also nehme ich meine FFP2-Maske ab und atme ein wenig Freiheit ein, obwohl das sicher nicht erlaubt ist. Und du nimmst deine Maske nur ab, um etwas Milch zu trinken oder eine Banane zu essen. Nach der schweren Operation, die du hier in Österreich hattest, musst du jede Stunde etwas essen.

Wir kehren von einem Wochenende mit Belarusen in Wien in unser vorübergehendes Zuhause zurück. Sie hatten uns zu einer Lesung und einer Solidaritätsaktion für die politischen Gefangenen eingeladen. Und da fahren wir nun, überwältigt von Eindrücken, müde und ein bisschen fröstelnd, ein paar kurzgeschorene Passagiere, die eine seltsame Sprache sprechen, in einem halb leeren polnischen Zug, der nachts durch die österreichischen Berge saust.

Zu der Lesung am Samstag im Volksgarten, offiziell bei der Polizei als politische Aktion angemeldet (das machte es möglich, sich in Corona-Zeiten zu versammeln), kamen wir nur wenige Minuten vor der angegebenen Zeit, aber niemand war da. Nur Kaiserin Elisabeth begleitet von zwei großen Hunden wartete da in aller Ruhe mit den Händen im Schoß, und wir saßen auf den Steinbänken. Bald trafen die ersten Zuhörer ein, und immer mehr Publikum gesellte sich dazu. Menschen unterschiedlicher Herkunft, meist Frauen, die sich im letzten Frühjahr zusammengetan haben und seitdem aktiv sind; sie wenden sich an österreichische Politiker, sammeln Geld für belarusische Flüchtlinge, organisieren Mahnwachen gegen die Polizeigewalt in ihrem Heimatland.

Es war eine wahre Freude, nach all diesen Monaten vor echtem Publikum zu lesen, die Augen zu sehen, das Kichern und Seufzen zu hören, die Fragen direkt zu beantworten. Bei der Zoom-Lesung, die von Belarusen in Österreich am Internationalen Tag der Muttersprache organisiert worden war, hatten wir uns nur virtuell kennengelernt.

Wir lasen und redeten viel und standen vor dem Publikum, als wären wir auf einer Bühne. Ein unerwartet heftiger Wiener Wind pfiff, riss die Worte aus den Gedichten und der Prosa davon, blies sie in die Ohren friedlicher österreichischer Familien, die ihr Wochenende im Park verbrachten.

Eine Stunde später, als wir auf dem Kahlenberg im Wienerwald ankamen, um von oben den wunderbaren Blick auf die Stadt genießen zu können, merkte ich, dass der Wind im

Volksgarten ein Kinderspiel gewesen war. Mein Gesicht brannte von den heftigen Böen, die durch die Mütze und Kapuze drangen. Ich sah deinen nackten Kopf und deine dünne Jacke, und ich fror noch mehr.

Am Abend waren wir zu einem geheimen Abendessen bei einer der belarusischen Familien eingeladen (wegen der Corona-Vorschriften hinter dicht verhangenen Fenstern). Nach etwas Wein, Geplauder und dem berühmten sowjetischen *Hering im Pelzmantel* begannen wir mit den Vorbereitungen für eine Solidaritätsaktion für weibliche politische Gefangene in Belarus. Ich sollte für die improvisierte Ausstellung kleine Löcher in Plakate mit Fotos und Illustrationen von belarusischen Künstlern und Fotografen stanzen, durch die dann rote Chenillefäden gezogen wurden, um die Bilder an einer Schnur zu befestigen. Andere nagelten Tafeln mit Informationen über die Gefangenen an Holzständer, suchten die Plakate aus, die wir bei der Aktion tragen sollten, und entschieden, welche Texte laut gelesen werden sollten. Ich hatte noch nie an einer Solidaritätsaktion in der Diaspora teilgenommen, obwohl ich auf *Telegram* eine Menge Fotos und Videos aus aller Welt davon gesehen habe. Ich hätte nie gedacht, dass das schon im Vorfeld so viel Arbeit macht.

Am nächsten Tag regnete es in Wien, und wir suchten Schutz im Leopold-Museum. Als wir wieder vor die Tür traten, immer noch die Bilder von Schiele, Klimt und Kokoschka vor Augen, war es Zeit, zur Pestsäule am Graben zu gehen, wo die Solidaritätsaktion stattfinden sollte.

Es gibt hier in Graz nicht so viele Belarusen, und in der Zeit, die wir hier sind, habe ich noch nie von irgendwelchen Aktionen gehört. Das einzige Mal, dass wir auf die Straße gegangen sind, war am 8. März zum Internationalen Frauentag. Ich hatte dafür das erste Plakat meines Lebens produziert. Auf der einen Seite stand *BELARUS: 141 politisch motivierte Strafverfahren gegen FRAUEN* auf der anderen *BELARUS: 38 FRAUEN als politische Gefangene anerkannt*. Wir schlossen uns einer Demo von mehreren Tausend Menschen an, hauptsächlich junge Frauen, und marschierten durch die Stadt. Abwechselnd hielten wir das Plakat hoch über unsere Köpfe, damit es jeder sehen konnte. Einerseits fühlten wir uns mit diesen politischen Parolen aus einem fremden Land etwas deplatziert, aber andererseits war das das Mindeste, was wir tun konnten.

In Wien sind die aktiven Belarusen viel zahlreicher. Auch das ein Resultat unser Revolution: das Erstarken und leider auch das Anwachsen der Diaspora. Wenn man früher ins Ausland kam, konnte man sich leicht unsicher fühlen, sollte man sich überhaupt Belarusin oder Belaruse nennen? Schließlich wussten viele überhaupt nicht, in welchem Teil Europas oder der Welt dieses Belarus liegt. Aber das vergangene Jahr hat vieles verändert, hat unser Land auf der Landkarte sichtbar werden lassen und hat nicht nur die Diaspora in der Hilfe für die Opfer der Repression zusammengeführt, es macht es einem nun auch möglich, sich im Ausland stolz als Belarusin zu bezeichnen.

Als wir zur Pestsäule kamen, hatten die Vorbereitungen für die Aktion bereits begonnen. Alle waren beschäftigt: die Schnur mit den Plakaten aufhängen, die Plakatwände mit den Namen und Porträts der weiblichen politischen Gefangenen aufstellen, ein Transparent befestigen: WOMEN POWER OF BELARUS. Ein Chor sang Protestlieder auf Belarusisch.

Fünfzehn Minuten vor dem offiziellen Beginn der Aktion kamen zwei Polizeiwagen, sie sollten uns vor möglichen Provokationen schützen. Das fühlte sich seltsam an. In den ersten Tagen in Graz begann ich zu zittern, wenn ich einen Polizisten in der Stadt sah. Aber jetzt ist das Gefühl weg, obwohl in Belarus ein Polizist immer noch jemand ist, dem man nie und nimmer glauben oder vertrauen darf. Lügen und Verleumdung von Unschuldigen sind Teil ihres Jobs geworden.

Während der Aktion standen wir da mit den anderen zusammen und hielten die Porträts der Gefangenen. Ich trug ein Porträt von Alana Gebremariam, einer Aktivistin der Belarusischen Studentenvereinigung, sie war seit November im KGB-Untersuchungsgefängnis. Und du hattest das Bild von Marfa Rabkova, einer Menschenrechtsaktivistin, die im September inhaftiert wurde und der bis zu zwölf Jahre Gefängnis drohen.

Ihre Geschichten und die Geschichten anderer inhaftierter Frauen wurden vor Leuten vorgelesen, die sich auf der anderen Straßenseite versammelt hatten. Nach der Rede eines österreichischen Politikers wurden auch wir eingeladen, etwas zu sagen. Du sprachst auf Deutsch über den Faschismus in unserem Land und batest um Solidarität. Ich las einen Text auf Englisch über die 285 politischen Gefangenen, über die Durchsuchungen, Verhaftungen, Folterungen und die COVID-Infektionen im Gefängnis. Nach unserem Vortrag kam ein älterer Mann auf dich zu und fragte, wie er unserem Land helfen könne. Was sollten wir sagen? Die Informationen verbreiten? Seinen Freunden davon erzählen? Wir wissen auch nicht, wie wir unserem Land helfen können und wie wir das Leiden von so vielen Menschen beenden könnten …

Vom Bahnhof gehen wir zu Fuß nach Hause. Graz am Sonntagabend, leer und ruhig. Wir gehen die Straßenbahnschienen entlang, die im Licht der Laternen schimmern, und reden über unsere Reise, über neue Menschen, die wir kennengelernt haben, über unsere armseligen Literatenkarrieren und unsere tristen Schreibpläne. Wir trösten uns gegenseitig und versuchen, uns aufzumuntern, und als wir zu dem Berg kommen, den wir zu Fuß hinauf gehen müssen, weil es für den Aufzug zu spät ist, werden wir still, atmen tief durch und ziehen los. Und als wir uns schließlich dem Gipfel nähern, stellen wir fest, dass es gar nicht so schwer war, wie wir erwartet hatten.

29. März

Richtig Frühling in Graz, draußen sind es 24 Grad. Durch das offene Fenster zu unserem Balkon dringen jede Menge Geräusche: ununterbrochen der Gesang ganz verschiedener Vögel (der Schlossberg ist ein Paradies für Vogelbeobachter und vor allem für Freunde von Vogelstimmen), laute Automotoren, Zimmerleute, die auf dem Dach hämmern, ein schreiendes Baby auf dem Weg nach oben, altes Glockenspiel, das alle halbe Stunde anschlägt. Normaler Alltag einer europäischen Stadt. Gehöre ich hierher? Fühle ich mich normal, wenn ich all das höre? Wo doch die Bewahrung von „Normalität" einer der Gründe war, warum wir Belarus im November verlassen haben.

Es geht immer noch nicht. Die Angst, die ich in mir trage, dieses „Familienerbstück", wie ich es in meinem Gedicht *Angststein* nenne, habe ich mitgenommen. Sie ist hier und glitzert unter den Strahlen der Frühlingssonnen an meinem Hals.

***

Belarus ist bei den Massenmedien des Westens nicht mehr so beliebt wie damals im August. Keine Frauendemos mehr in Weiß mit Sonnenschein, keine bunten Kundgebungen mehr mit Hunderttausenden, kein glückliches Lächeln mehr voller Hoffnung auf eine demokratische Welt.

Was wir jetzt zu bieten haben, sind 325 politische Gefangene, die unter inhumanen Bedingungen hinter Gittern gehalten werden (die Gefangenen müssen in den Hunger- und Durststreik treten, um selbst banale Dinge wie Mittel gegen Läuse zu bekommen). Wir haben fast tausend Menschen, die Opfer politischer Verfolgung sind. Wir haben jede Woche ein Dutzend Gerichtsverhandlungen, mit den abstoßenden Bildern von Handschellen an Gelenken von Journalistinnen, Menschenrechtsaktivisten und Politikern; wir haben während all dieser Monate schreckliche Berichte von Folter und Demütigung in Gefängnissen und Internierungsanstalten, und nicht ein Strafverfahren gegen die Peiniger. Wir haben COVID-19, das sich in den überfüllten Zellen ausbreitet, und niemand sorgt für medizinische Behandlung.

Obwohl die Behörden sagen, dass die Proteste aufgehört haben, wurden während der Tage im März mehr als tausend Menschen in Belarus verhaftet. Ihre Verbrechen klingen lächerlich: Streikposten in weiß-rot-weißen Socken, Abzeichen oder Blumen in diesen Farben, Aufkleber auf Kopfhörern, Süßigkeiten und so weiter … Leute gehen ins Gefängnis, weil sie Socken in der falschen Farbe tragen!

Ein Briefträger wurde verhaftet und mit einer Geldstrafe belegt, weil er zur falschen Zeit am falschen Ort seiner Arbeit nachging. In der Kleinstadt Miadziel ging eine Frau mit ihrer kleinen Tochter spazieren. Sie hielt drei weiße und rote Luftballons in der Hand. Sie wurde festgenommen, mit einer Geldstrafe belegt und aus der Schule entlassen, in der sie als Lehrerin und Logopädin mit behinderten Kindern gearbeitet hatte.

Der autokratische Staat, der Belarus einmal war, schlägt in Totalitarismus um und das sehr schnell. Es gilt kein Recht in Belarus, es gibt nur Tausende von lächerlichen und unglaublich grausamen Strafen, die Menschen dafür bekommen, dass sie ihre Meinung äußern oder auch nur, weil sie verdächtigt werden, eine zu haben … „Nie wieder", haben wir in der Schule gelernt, „Niemals vergessen". Und wieder durchleben wir den Schrecken, den unsere Vorfahren vor einem Jahrhundert erlebt haben müssen. Die schrecklichen Geschichten heute lassen sich mit denen vergleichen, die wir über Gestapo oder Stalinismus in den Schulbüchern gelesen oder in Kriegsfilmen gesehen haben.

Aber es gibt auch eine mächtige Welle von Solidarität und Hilfe, im Land wie außerhalb. Wir haben Tausende von Briefen voller Zuspruch und Ermutigung, die in die Gefängnisse geschickt werden, wir haben lebendige Verbindungen zu unserer Diaspora. Und wir haben immer noch diesen Glauben, dass es ohne Demokratie keine Zukunft für Belarus und Europa gibt.

2. April

Vor sechs Wochen habe ich mir den Kopf kahl geschoren. Ich habe mir den Bartschneider gegriffen, den ich dir zum Geburtstag geschenkt hatte, und den dicken Busch wegrasiert, den ich auf dem Kopf trug. Inspiriert hat mich ein Video von belarusischen Studenten, Jungs wie Mädchen, die sich aus Solidarität mit inhaftierten Kommilitonen und Professoren den Kopf rasierten. Aber es war nicht nur das, muss ich gestehen, ich musste wirklich was mit meinen Haaren machen, eine richtige Heldin bin ich also nicht.

Als die erste dunkle Locke auf den Boden im Badezimmer fiel, fühlte ich mich plötzlich viel besser. Ich spürte eine Veränderung in mir, ich fühlte irgendeine Bewegung – des Blutes, des Denkens, der Gefühle? Ich habe immer weitergemacht, obwohl es das allererste Mal war. Du kamst dazu und hast an Stellen des Kopfes geholfen, die ich nicht sehen konnte. In vierzig Minuten war der Schädel fertig, hell und glatt. Und es stellte sich heraus, dass er gar nicht so hässlich war, jedenfalls besser, als ich erwartet hatte.

Vor einem halben Monat habe ich es nochmal gemacht, und ich denke über ein drittes Mal nach. Das wird noch zu meiner Droge, ich fühle mich dann erleichtert, entspannt, glücklich (zumindest für ein paar Stunden). Ich überlege, ob ich mit dem Kopf nicht so weitermachen soll, bis Herr L. verschwindet, so wie wir es ihm alle im August auf den Straßen nahegelegt haben. Aber wenn das nun noch Jahre dauert …

Ich habe darüber nachgedacht, warum ich diese Leichtigkeit empfand. Könnte es eine Art von Selbstverstümmelung sein oder eine Art von Opfer? Wenigstens will ich über mein Aussehen entscheiden, wenn ich schon die Rechtlosigkeit im heutigen Belarus und die finsteren Gedanken, die das in mir auslöst, nicht beeinflussen kann. Aber kann mein Opfer funktionieren? Mit Sicherheit kann ich das selbstverständlich nicht sagen. Wer weiß. Und erreichen die Briefe, die ich aus Graz in belarusische Gefängnisse schicke, ihre Adressaten oder sind auch sie nur Opfergaben?

Es fällt mir nicht leicht, aufrichtige und warme Worte für Menschen zu finden, die ich nie gesehen habe und über die ich nur wenig weiß, aber ich lerne mit jedem Brief dazu. Auf einer Geburtstagskarte wünsche ich ihnen innere und äußere Freiheit, und für eine längere Nachricht schreibe ich ein Gedicht auf Belarusisch oder Russisch dazu. Ich versuche mir vorzustellen, welche Art von Poesie mein Adressat eher verstehen und mögen könnte. Klassische Verse oder lustig-absurde Gedichte von zeitgenössischen Autoren?

Aber wenn man einen Brief an einen politischen Gefangenen schickt, egal ob Verwandter oder Fremder, egal ob man sich in Belarus oder im Ausland befindet, sollte man darauf gefasst sein, dass der Adressat den Brief nicht erhält und nicht beantwortet. Ein Zensor, der irgendwo in einem miefigen Raum mit vergitterten Fenstern sitzt, findet vielleicht etwas, das ihm nicht passt und beschließt, den Brief wegzuwerfen. Oder er (kann es da eine *sie* geben?) findet den ganzen Papierkram lästig und wirft deine Postkarte deshalb weg, oder er hat womöglich den Befehl, einen Gefangenen zu bestrafen, und als Strafe oder gar als Folter wird die Post nicht zugestellt.

Gibt es in Gefängnissen und Haftanstalten einen speziellen Raum, in dem die nicht zugestellten Briefe zu Tausenden eingesperrt werden? Oder nehmen sie diese schönen, selbstgestalteten Postkarten mit ihren lustigen Aufklebern, die Menschen aus der ganzen Welt schicken, um den politischen Gefangenen das Leben ein bisschen leichter zu machen, mit nach Hause? Als kleines Geschenk für ihre Kinder? Oder werden die Briefe einfach weggeworfen und verbrannt? Sortieren sie ihren Müll in den belarusischen Gefängnissen? Denken sie überhaupt an die Zukunft?

Wir schon.

КАРАТЕЛЯМ ЗДЕСЬ
НЕ РАДЫ
РОМАН БОНДАРЕНКО
НЕ ЗАБУДЕМ!
НЕ ПРОСТИМ!
ВЕЧНЫЙ
ПОКОЙ
К
ОТВЕТУ
Роман Бондаренко-
ГЕРОЙ
Республики Беларусь!
Вечная память.
СКОРБИМ
НЕ ЗАБУДЕМ
ГЕРОИ
НЕ
УМИРАЮТ
НАС

Anmerkungen

S. 10 My European Poem

Erschienen unter anderem in der *edition*.fotoTAPETA in dem Band *BELARUS! Das weibliche Gesicht der Revolution*, Berlin 2020.

S. 11 Die Hunde Europas

Roman von Alhierd Bacharevic, im belarusischen Original unter dem Titel *Сабакі Эўропы* 2017 in Minsk, eine vom Autor besorgte russische Ausgabe erschien 2019, eine deutsche Übersetzung von Thomas Weiler ist in Arbeit und erscheint voraussichtlich 2023.

S. 12 „Wo man Bücher verbrennt, verbrennt man auch am Ende Menschen"

Zitat von Heinrich Heine

S. 13 ROT

Der dritte Lyrikband von Julia Cimafiejeva, erschienen unter diesem Titel im belarusischen Original 2020 bei bei Vesna Vaško, Prag und Januškievič, Minsk.

S. 13 Das Buch der Fehler

Erschien 2014 unter dem Titel *Кніга памылак* bei Galiafy in Minsk.

S. 14 Viktor Tsoi (1962–1990)

Sowjetischer und russischer Sänger und Songschreiber, Mitbegründer der Rockband *Kino*, eine der populärsten und musikalisch einflussreichsten Bands in der Geschichte der russischen Musik.

S. 17 OMON

Aus dem Russischen: *Otriad Milicii Osobogo Naznachenija*. Die Spezialeinheit der Miliz in Belarus.

S. 18 Meine Heimat

Auf Deutsch in der Übersetzung von Tina Wünschmann erschienen in der *edition*.fotoTAPETA unter anderem in *ZIRKUS*, Gedichte, Berlin 2019.

S. 18 Minsker Meer

Künstlicher See in der Nähe von Minsk.

S. 20 Viktar Babaryka

Belarusischer Politiker und Banker, war lange Vorstandsvorsitzender der Belgazprombank (gehört zum russischen Konzern Gazprom).

S. 20 Swetlana, Maria und Veronika

Gemeint sind Swetlana Tichanowskaja, Maria Kolesnikowa und Veronika Zepkalo, das Team um die Präsidentschaftskandidatin Tichanowskaja.

S. 26 Šabany

Im belarusischen Original *Шабаны. Гісторыя аднаго зьнікненьня*, erschienen 2012 in Minsk.

S. 26 „Peremen!"

„Wir fordern Wandel!" – ein berühmtes Lied von Viktor Tsoi aus den späten 1980er Jahren, das letztes Jahr in Belarus wieder populär wurde, eine der Hymnen der Proteste gegen das Regime.

S. 48 Ales Adamowitsch (1927–1994)

Von dem belarusischen Schriftsteller ist auf Deutsch unter anderem erschienen: *Henkersknechte*, Frankfurt am Main, Suhrkamp, 1988.

S. 48 Swetlana Alexijewitsch

Belarusische Schriftstellerin, geboren 1948, Nobelpreis für Literatur 2015 – auf Deutsch unter anderem *Tschernobyl. Eine Chronik der Zukunft*, Berlin Verlag, Berlin 1997 sowie *Secondhand-Zeit. Leben auf den Trümmern des Sozialismus*, Hanser Berlin, München 2013.

S. 51 Paviel Latuška

Ehemaliger Kulturminister und Ex-Botschafter von Belarus in Frankreich. Seit 2019 Direktor des Nationalen Janka-Kupala-Theater. Im August 2020 schlug er sich auf Seiten der Demonstranten und unterstützte Swetlana Tichanowskaja. Mitglied des oppositionellen Koordinierungsrates. Derzeit lebt er im Exil.

S. 92 Feliks Dziaržynski (1877–1926)

Auch geschrieben: Feliks Dzierżyński. Sowjetischer Revolutionär polnischer Herkunft, der Begründer der sogenannten Tscheka, der Geheimpolizei, die später zu GPU, NKVD und KGB wurde.

S. 100 Feliks Dziaržynski

S. Anm. zu Seite 92.

S. 62 Kupalinka

Populäres Lied zum traditionellen belarusischen Kupala-Fest (Sommerfest der Sonnenwende). Das Lied wurde eine der inoffiziellen Hymnen der Proteste.

S. 70 Akrescina

Haftanstalt im Süd-Westen von Minsk. Sie wird als Isolationszentrum genutzt. Nach der Wahl im August 2020 wurden hier viele Protestierende brutal geschlagen und gefoltert.

S. 72 „MTZ", „Hrodna-Azot", „MZKT"

Abkürzungen für belarusische Industrie-Unternehmen: Minsker Traktorenwerk, Fabrik für Kunstdünger in Hrodna, Minsker Radschlepperwerk.

S. 76 Janka Kupala (1882 – 1942) und Jakub Kolas (1882 – 1956)

Die wichtigsten Klassiker der belarusischen Literatur in der ersten Hälfte des 20. Jahrhunderts, die sehr viel für die Entwicklung der belarusischen Sprache, Kultur und Identität bewirkt haben. Viele Straßen und Plätze in Belarus sind nach ihnen benannt.

S. 76 Chabarowsker Demonstranten

Im Sommer und Herbst 2020 fanden in Chabarowsk Massenproteste nach der Verhaftung des Gouverneurs des Gebiets, Sergey Furgal, statt.

S. 102 Pahonia-Wappen

Historisches nationales Wappen von Belarus, ein Reiter mit Schwert und Schild. Staatliches Wappen in Belarus von 1991 – 1994, bevor Lukaschenko als Staatssymbole sowjet-ähnliche Wappen und Flagge eingeführt hat.

Zu dem Stadtplan von Minsk:

Mithilfe dieses QR-Codes gelangen Sie auf einen Minsker Stadtplan, in dem die Orte, Straßen und Plätze markiert und benannt sind, von denen in diesem Buch die Rede ist.

Julia Cimafiejeva
ZIRKUS
Gedichte

Aus dem Belarusischen von Thomas Weiler und Tina Wünschmann
Mit einem Nachwort von Valzhyna Mort
96 Seiten, Klappenbroschur, 10 €
ISBN 978-3-940524-80-5

„ich kam zur welt
mit diesem wanderzirkus in mir.
einem zirkus, denk mal an,
in einem polessischen dorf.
jongleure, akrobaten,
bärtige jungfrauen …
diese schande!"

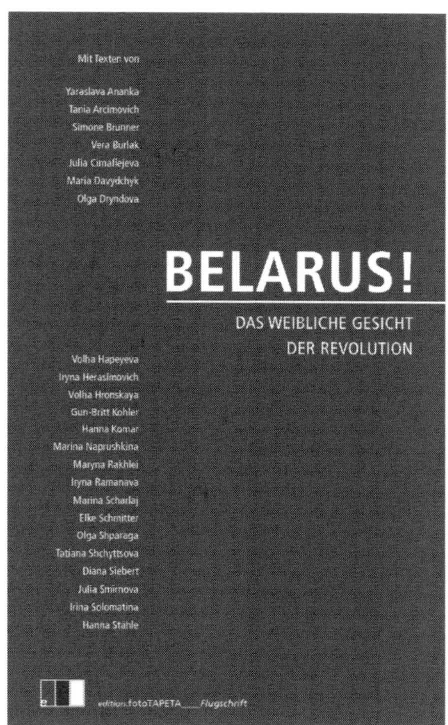

BELARUS!
Das weibliche Gesicht der Revolution

edition.fotoTAPETA_*Flugschrift*
Herausgegeben von
Andreas Rostek, Nina Weller, Thomas Weiler, Tina Wünschmann
272 Seiten, Broschur, 15 €
ISBN 978-3-940524-99-7

„Sichtweisen, die weit über den Tag hinaus und in ganz anderen Krisen- und Umbruchzeiten Bestand haben … Das Buch vermittelt ein bisher selten so differenziert gezeichnetes Bild dieses Landes in der Mitte von Europa."
Sabine Adler – Deutschlandfunk

Die Autorin hat diese Aufzeichnungen auf Englisch verfasst. Teile des Tagebuchs sind in schwedischer Übersetzung unter dem Titel *Dagar i Belarus* bei Norstedts, Stockholm, erschienen sowie in einer eigenen Übersetzung aus dem Englischen in der Zeitschrift *Lichtungen*, Graz. Die Autorin dankt dem Kulturressort der Stadt Graz und der Kulturvermittlung Steiermark für die Unterstützung ihrer Arbeit.

ISBN 978-3-949262-04-3

Umschlaggestaltung: Gisela Kirschberg, Berlin
Satz und Gestaltung: Gisela Kirschberg, Berlin

Druck: Bookpress.eu, Olsztyn
Gesetzt aus der Mignon und der Frutiger

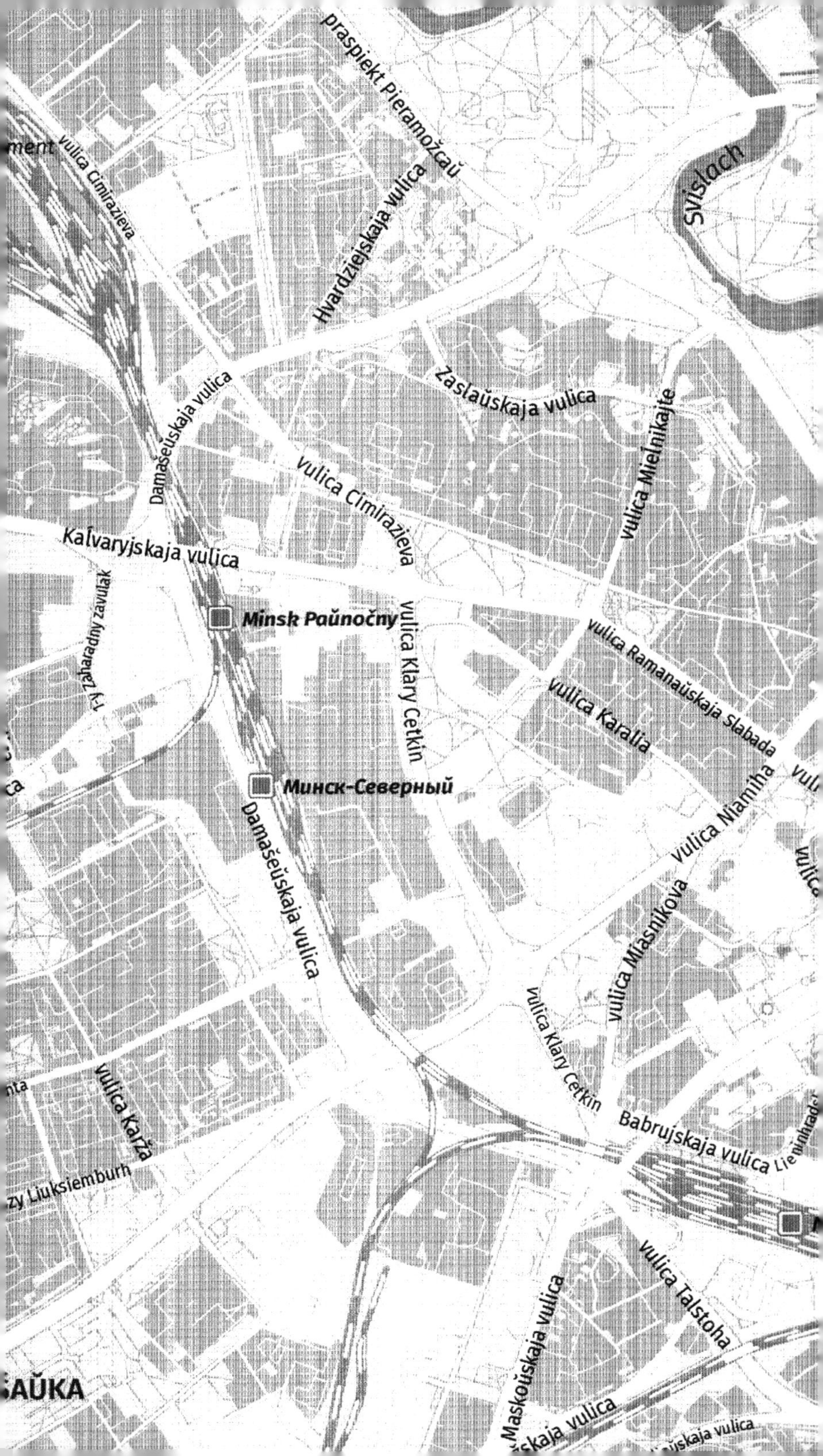
praspiekt Pieramožcaŭ
Svislach
vulica Cimiraz ieva
Hvardziejskaja vulica
Zaslaŭskaja vulica
Damašeŭskaja vulica
vulica Mielnikajte
vulica Cimirazieva
Kaĺvaryjskaja vulica
1-y Zaharadny zavulak
Minsk Paŭnočny
vulica Klary Cetkin
vulica Ramanaŭskaja Slabada
vulica Karalia
Минск-Северный
Damašeŭskaja vulica
vulica Niamiha
vulica Miasnikova
vulica Klary Cetkin
vulica Karla
Babrujskaja vulica
Liuksiemburh
vulica Talstoha
Maskoŭskaja vulica
SAŬKA